제로부터 시작하는
비즈니스 인스타그램

처음이라도

예산이 없어도

할 수 있어!

결과를 만드는 SNS 시대의 마케팅 전략

SNS 운용 최강의 책

인스타그램

성공 방정식을

철저히 해설!

아사야마 다카시

장재희 옮김

팔로워를 증가시키는 운용의 요령

베스트 투고 빈도와 시간대

매상의 열쇠가 되는 'UGC'의 활용

게시물을 늘리는 해시태크 선정법

마음을 사로잡는 사진 찍는 법

브랜드 이미지를 반영하는 세계관

BUSINESS INSTAGRAM FROM SCRATCH

지상사 Jisangsa

• • •

들어가며

2019년 광고비 부문에서는 인터넷이 TV를 제치게 되었고, 2020년에는 인터넷 광고 전체에서 소셜미디어 광고가 30% 이상을 차지하게 되면서, 이제 기업 입장에서 소셜미디어는 소비자와의 커뮤니케이션 채널로써 중심적인 역할을 하게 되었습니다.

유수의 소셜미디어 중에서도 가장 중요한 플랫폼 중 하나가 전 세계 10억 명이 이용하고, 활동 중인 사용자도 꾸준히 늘고 있는 Instagram입니다.

사람들은 인스타그램을 통해 얻은 정보로 무엇을 구매할지, 어디에 갈지를 정할 뿐 아니라, 인스타그램에서 자기표현을 하기 위해 구매 행동을 일으키게 되었습니다.

이렇듯 마케팅에 있어서 인스타그램의 중요도가 증가하는 한편, 활용이 지지부진하거나, 본래의 목적을 잃고 팔로워 수 늘리기만을 목표로 하는 사례도 많이 나타납니다.

저는 핫링크라는 회사에서 기업의 SNS 마케팅 지원을 하던 중, 인스타그램을 활용한 마케팅 성공법칙을 찾아냈습니다.

현재, 코로나-19 팬데믹 영향으로 오프라인 고객 접점이 제한되는 등 수많은 사업 분야에서 어려운 상황이 계속되는 가운데, 인스타그램 활용의 지식과 견문을 공유함으로써 어둠 속에 작은 빛이 되어 드리고자 이 책을 집필하게 되었습니다.

여러분은 이 책을 통해

- 인스타그램으로 비즈니스가 매출 인상으로 이어지는 법칙
- 이를 염두한 구체적인 활용 방법을

이해할 수 있습니다.

인스타그램을 통해 여러분의 브랜드가 번영하기를 기원합니다.

마지막으로 '#인스타공략본(#インスタ攻略本)'으로 이 책의 소감을 SNS에 올려주시면 감사하겠습니다.

아사야마 다카시(Twitter: アサヤマ-ASAYAMA @taasayan)

Contents

Chapter 1

왜 인스타그램으로 물건을 팔 수 있을까?

친근한 SNS로 큰 인기를 누리고 있는 인스타그램(Instagram). 최근에는 인스타그램을 비즈니스 목적으로 사용하는 경우도 많이 보게 되었습니다. 우리는 인스타그램을 판촉 수단으로 활용하는 방법을 배워 나가기에 앞서, 먼저 왜 인스타그램으로 물건이 팔리는지에 대해 인스타그램의 구조와 함께 살펴보기로 합니다.

Chapter 1

01 인스타그램(Instagram)이란?

인스타그램 사용자는 수천만 명을 넘어섰고, 사용하는 연령층이나 목적도 다양하게 변화해 왔습니다. 먼저 인스타그램의 기본을 다진 후 최신 트렌드와 비즈니스 측면에서의 활용 가능성에 대해 살펴보도록 하겠습니다.

인스타그램 사용자 = 젊은 여성?

인스타그램은 사진이나 동영상을 촬영/편집/공유할 수 있는 SNS(Social Network Service; 사회 관계망 서비스)입니다. 인스타그램이라 하면 '젊은 여성들이 중심이 되어 사람들의 눈길을 끄는 예쁜 사진을 올리는 것'이라는 이미지가 강할지도 모르겠습니다. '인스타 감성'이라는 말도 한창 유행했지요.

인스타그램이 보급되기 시작한 2016년 무렵에는 젊은 여성층을 중심으로 많이 사용되었지만 2019년에는 인스타그램을 사용하는 남녀 성비가 무려 4:6으로 좁혀졌고, 30대 이상인 사람들도 늘기 시작하면서 점차 사용자층이 다양해지고 있습니다.

(참고: http://about.fb.com/ja/news/2019/06/japan_maaupdate-2/)

인스타그램 사용자층 확대

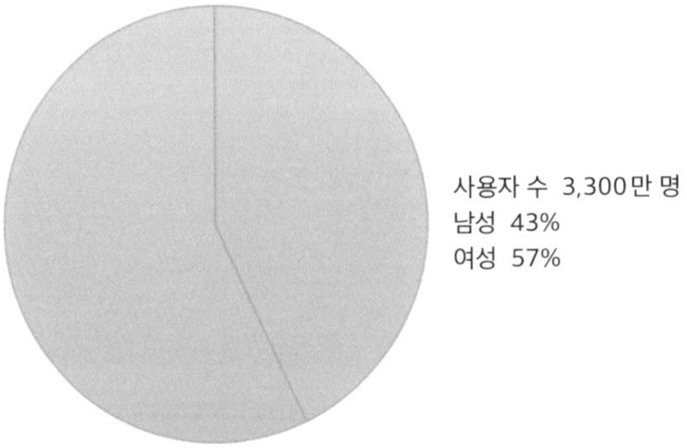

인스타그램의 기능

인스타그램은 사진이나 동영상을 직감적으로 전달하는 게시물 중심의 SNS입니다. 사진이나 동영상을 올리는 **'피드(게시물)'**, 24시간이 지나면 사라지는 **'스토리'**, 짧은 영상에 배경음악을 삽입해 올리는 **'릴스'** 등이 있습니다.

피드 등록(왼쪽)과 스토리 등록(오른쪽)

Memo

스토리를 보관함에 저장하면 24시간이 지난 후에도 볼 수 있습니다.

'#(해시태그)'의 활용 역시 인스타그램의 특징입니다. '#카페'처럼 키워드 앞에 #을 붙여 게시물을 등록하기도 하고, 다른 사용자들의 게시물을 검색할 수도 있습니다.

해시태그 검색

Memo

해시태그 검색화면에는 인기 게시물이 표시되는 '인기 게시물'과 새로운 게시물이 표시되는 '최근 게시물'이라는 두 가지 탭이 있습니다. '인기 게시물'에 표시되는 게시물은 사람들의 참여율(engagement rate) 등 여러 가지 요소를 바탕으로 인스타그램의 알고리즘에 의해 결정됩니다. (p.88)

인스타그램의 이용 목적

인스타그램이 사용되기 시작한 2016년 무렵에는 올라온 사진에 '좋아요'를 누르거나 댓글을 달기도 하고, 다이렉트 메시지(DM)를 주고받는 등 주로 친구나 지인들간 소통의 장으로 이용되었습니다. 하지만 사용자층이 다양해지고 여러 기능도 추가되면서 최근에는 정보를 수집하거나 쇼핑 목적으로 인스타그램을 사용하는 사람도 증가하고 있습니다.

2019년 주식회사 저스트시스템(JustSystems Corporation)이 실시한 조사에 따르면, 패션 분야에서는 인스타그램을 정보원으로 삼는 사람들이 29.4%로, 28.3%를 차지한 구글(Google)을 제치고 가장 많은 것으로 나타났습니다. 또한 최근에는 여가생활이나 맛집 분야에서도 인스타그램 이용이 증가하고 있습니다. (참고: https://prtimes.jp/main/html/rd/p/000000384.000007597.html).

정보수집을 목적으로 하는 게시물로는 이른바 '인스타 감성'의 멋진 사진뿐 아니라 텍스트 위주의 지식형 콘텐츠, 여러 장의 이미지와 동영상을 사용한 하우 투(How to) 콘텐츠도 종종 등록되고 있습니다.

텍스트가 들어간 정보성 콘텐츠

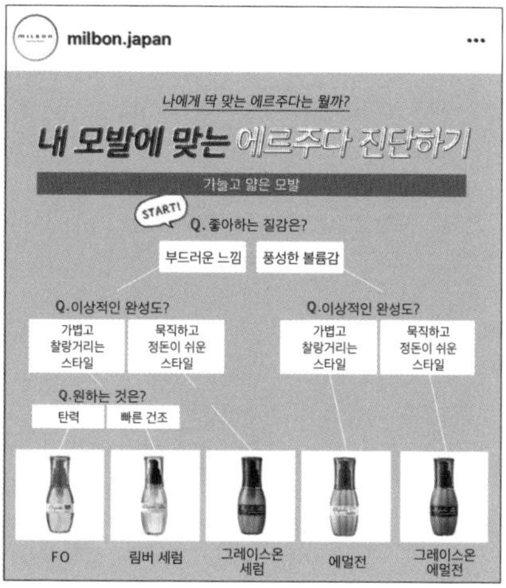

인스타그램(Instagram)에는 게시물 저장 기능이 있어서 이런 부류의 유익한 콘텐츠는 표시해 두었다가 필요할 때 언제든지 찾아볼 수 있습니다. 상품을 고르는 방법이나 레시피를 참고하기도 하고, 마음에 드는 헤어스타일을 저장해 두었다가 미용실에서 원하는 스타일을 요구할 때 사용하기도 합니다.

게시물 보관하기

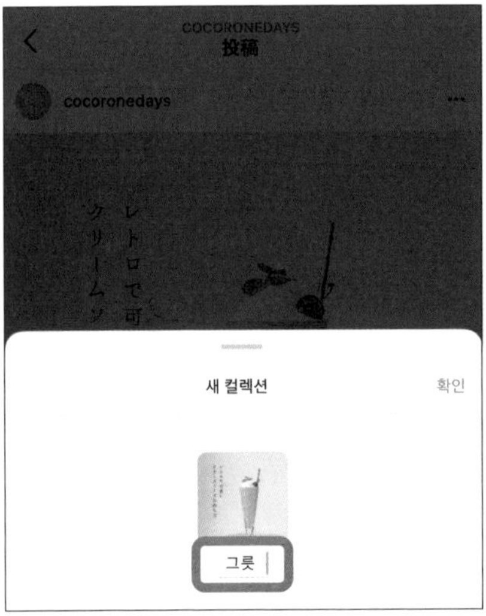

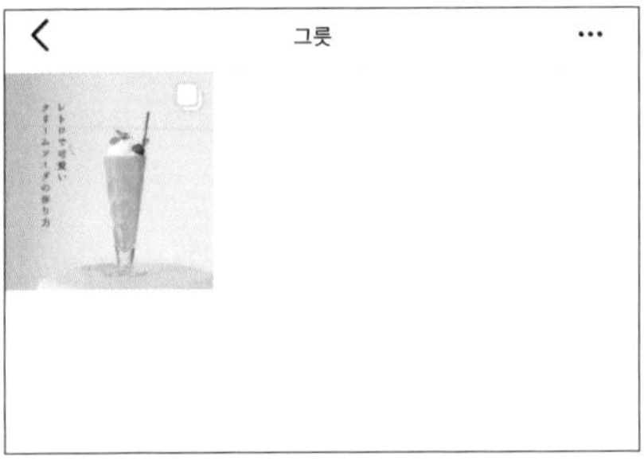

Memo

이름을 붙여서 '컬렉션' 으로 묶을 수도 있습니다.

또 2018년부터 도입된 쇼핑 기능에도 주목할 필요가 있습니다. 사전에 전자상거래 사이트에 있는 상품을 카탈로그에 등록하여 신청함으로써 인스타그램 앱에서 전자상거래 사이트로 손쉽게 이동할 수 있게 되었습니다. (p.53) 그밖에도 우버이츠(Uber Eats) 등 배달 서비스와도 제휴하여 해당 서비스 전용 스티커를 통해 스토리에서 음식을 주문하는 등 사용자가 부담 없이 쇼핑을 즐길 수 있도록 진화하고 있습니다. 인스타그램 상에서 판매할 수 있는 상품이나 전자상거래 사이트를 가지고 있다면 이러한 기능을 적극적으로 활용하기를 추천합니다.

인스타그램의 쇼핑 기능

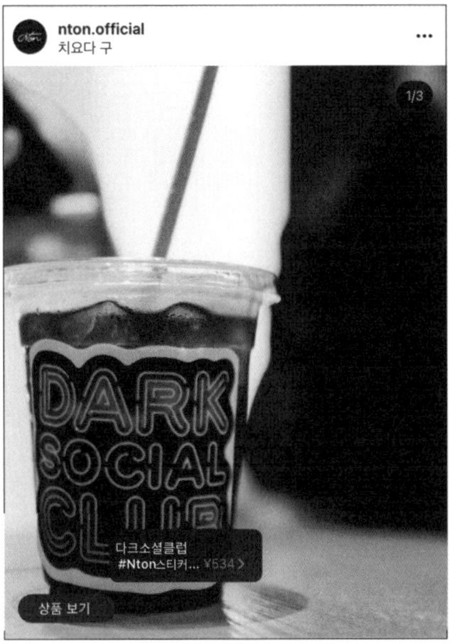

Point!

- ☑ 인스타그램의 사용자층과 사용 목적이 다양해지고 있습니다.
- ☑ 해시태그를 사용한 정보수집이 활발히 이루어지고 있습니다.
- ☑ 쇼핑 기능이 진화하고 있습니다.

Chapter 1
02 왜 인스타그램으로 물건을 팔 수 있을까?

이번에는 인스타그램 사용자들의 소비 행동을 6가지 프로세스로 나누어 해설합니다. 사용자들이 상품에 대해 인지하고 상품 구매를 결정하기까지의 흐름을 살펴보겠습니다.

인스타그램 상에서 정보가 퍼져나가는 방식

사람들이 상품을 사게 하려면, 먼저 상품의 존재가 사람들에게 알려지는 것이 전제되어야 합니다. 인스타그램에서 정보가 퍼져나가는 방식은 크게 '**1:n**', '**N:n**'의 두 가지로 나눌 수 있습니다.

- **1:n (자신이 정보를 발신하는 경우)**
- **N:n (불특정 다수가 정보를 발신하는 경우)**

인스타그램 상에서의 정보 전달

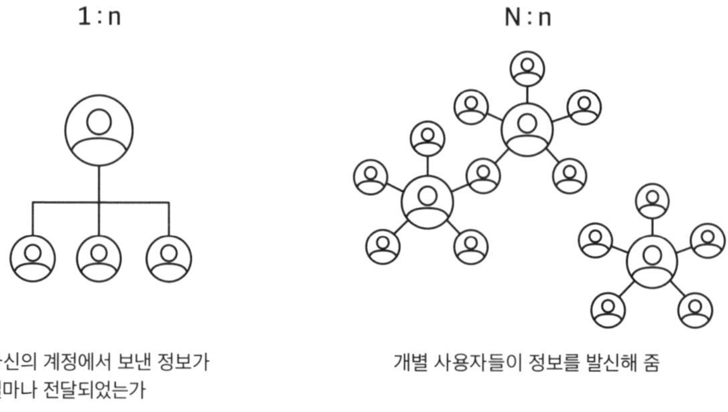

'1:n'은 자신의 계정이 가진 영향력, 'N:n'은 일반 인스타그램 사용자들을 끌어들인 발신력입니다. 자사 계정은 하나뿐이지만 수많은 일반 인스타그램 사용자들을 '상품이나 구매 후기를 발신해 주는 매체'로 받아들이고 'N:n'의 확산을 강화하면 더 큰 힘으로 작용합니다.

사람들의 평판에서 시작되는 구매 사이클

▶ 일반 사용자들의 평판이 구매의 결정 요소가 되다

대다수 사람들은 온라인으로 무언가를 사거나 지출이 큰 상품을 구매하기 전, 같은 물건을 산 지인의 감상이나 전자상거래 사이트에 올라온 리뷰를 참고합니다. 여러분도 사용 후기, 즉 평판을 참고해서 구매를 결정하거나 보류한 경험이 있지 않나요? 평판이 구매에 미치는 영향은 매우 큽니다. 마케팅 용어로는 이를 '**UGC(User Generated Content**'; 사용자 생성 콘텐츠)'라고 부릅니다.

회사가 공식적으로 발신하는 내용도 중요하지만, 일반 사용자들이 올리는 UGC는 구매를 직접적으로 좌우하는 요소가 됩니다. 2019년 스태클러(Stackla)가 실시한 조사에 따르면 특정 여행지에 관심이 생기는 계기로 가장 많이 꼽힌 것이 여행사 사이트에 실려 있는 전문가들의 사진이나 인플루언서가 올린 게시물이 아니라 가까운 사람들의 SNS 게시물이었습니다. 공식적인 내용이나 유명인사들이 발신한 정보보다 가까운 사람들에 의한 UGC가 구매를 끌어올리고 있는 것입니다.

여행을 계획할 때 가장 영향을 주는 콘텐츠

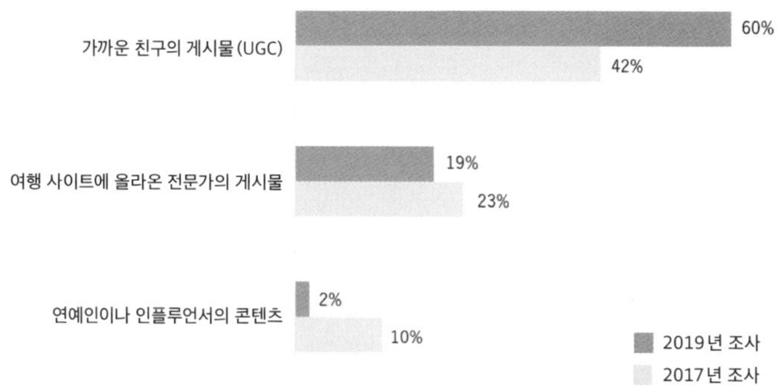

※참고자료: 스태클러(Stackla)
BRIDGING THE GAP: Consumer & MarketerPerspectives on Content in the Digital Age
URL: http://stackla.com/resources/reports/bridging-the-gap-consumer-marketing-perspectives-on-content-in-the-digital-age/

▶ 구매 사이클 'UDSSAS'의 6가지 단계

저는 인스타그램을 이용한 판촉 지원을 할 때, 사용자들의 행동을 '**UDSSAS**(우드사스)'라는 플레임에 적용시켜서 흥미롭게 분석합니다. UDSSAS의 세부 내용은 다음과 같습니다.

① UGC(어텐션)

일반 사용자인 A씨가 상품의 사진이나 감상을 '피드' 혹은 '스토리' 다이렉트 메시지로 친구들에게 알린다.

② Discover(발견)

다른 사용자 B씨가 피드나 스토리, 발견탭(탐색탭) 등에서 ①의 UGC 게시물을 '발견'하여 상품이나 브랜드를 인식한다.

③ Save(저장)

B씨는 나중에 다시 보기 위해 A씨의 게시물을 저장한다.

Memo

인스타그램의 저장 버튼 외에도 게시물을 화면 캡처하여 이미지 폴더에 저장하거나, 게시물을 다른 사람에게 공유함으로써 다이렉트 메시지 상에 저장하기도 합니다.

④ Search(검색)

상품이나 브랜드에 대해 알아보고 또 다른 평판이나 상세정보를 찾아본다.

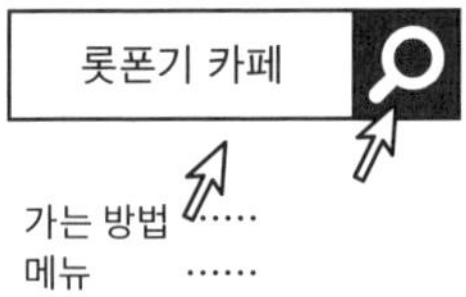

Memo

구글(Google) 등 검색엔진 외에도 인스타그램 해시태그를 검색하여 UGC를 찾습니다. 미용 관련 리뷰 사이트인 앳코스메나 LIPS와 같이 특정 분야에 특화된 매체에서 찾아보는 경우도 있습니다.

⑤ Action(구입)

알아본 정보를 참고하여 전자상거래 사이트에서 상품을 구매하거나 오프라인 매장을 방문하는 등 행동을 일으킨다.

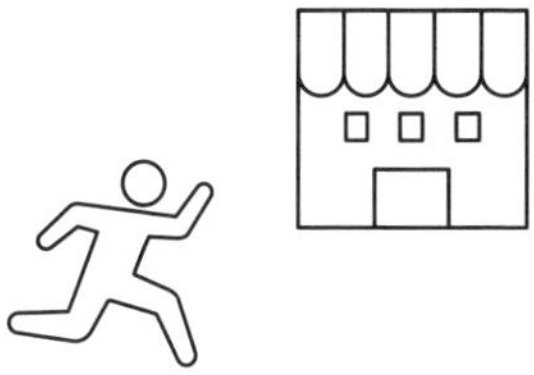

⑥ Share(공유)

B씨도 구입한 상품에 대한 게시물을 올리면서 새로운 UGC가 된다.

B씨의 게시물을 본 사람이 관심을 가지고 ②이후의 행동을 취함으로써 구매나 UGC 게시물이 더욱 증가한다.

UGC를 기점으로 한 구매 프로세스 'UDSSAS'

'UDSSAS'의 기점이 되는 UGC의 양에 비례하여 게시물을 보고 상품을 알게 되는 사람, 상품에 대해 알아보는 사람, 실제로 구입하는 사람도 증가하게 됩니다. 들어가는 물의 양이 많을수록 깔때기에서 나오는 물의 양이 늘어나는 것과 비슷하죠.

UDSSAS 사이클이 돌기 시작하면 UGC가 저절로 어텐션을 일으켜 UGC가 UGC를 부르는 순환을 낳게 됩니다. UDSSAS 사이클을 돌리기 위해서는 기점이 되는 맨 첫 단계인 어텐션을 획득하는 것이 관건입니다. 이를 위해서 해시태그 검색이나 탐색 탭에 올라가는 추천 게시물 등으로 새로운 사용자들에게 효율적으로 어텐션을 일으켜 팔로워 기반을 만들어 나가는 것도 포인트입니다.

UGC 게시물 수와 비례하여 지명검색 수나 매출이 증가한다

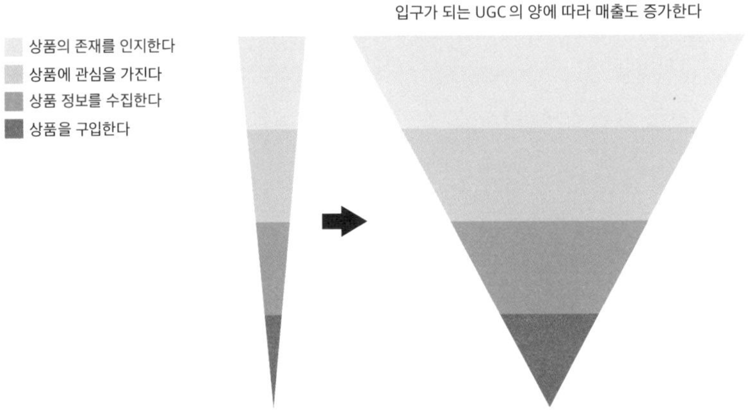
입구가 되는 UGC의 양에 따라 매출도 증가한다
상품의 존재를 인지한다
상품에 관심을 가진다
상품 정보를 수집한다
상품을 구입한다

Point!

- ☑ '1:n'은 자신이 다른 사람들에게 전달하는 것입니다.
- ☑ 'N:n'은 자신 이외의 사용자들 사이에서 얼마나 화제가 되는가를 의미합니다.
- ☑ UGC는 구매에 대한 영향력이 큽니다.
- ☑ UGC가 증가하면 이에 연동하여 매출도 늘어납니다.

Chapter 1
03

인스타그램을 판촉에 이용하는 4가지 장점

인터넷과 SNS가 보급됨에 따라 이젠 누구든지 정보를 발신할 수 있게 되었습니다. 이미지를 직감적으로 전달하기 쉽고, 댓글 등으로 부담 없이 소통할 수 있는 인스타그램은 판촉 활동에 있어서 강한 아군이 됩니다.

TV CF, 신문 광고, 인터넷 광고, 메일 매거진, 전단지 등 상품을 선전하는 수단은 여러 가지가 있지만, 그중에서 인스타그램을 추천하는 데에는 4가지 이유가 있습니다.

인스타그램의 강점

▶ ①비용이 적게 든다

인스타그램은 무료로 계정을 개설하고 이용할 수 있기 때문에 광고 예산 없이도 시작할 수 있습니다. 게시물이나 사용자들과의 커뮤니케이션 빈도에 따라 다르긴 하나, 규모가 엄청나게 크지 않은 이상 인력을 많이 할애하지 않고 운영할 수 있다는 점 또한 매력적입니다. '큰 금액을 지불하여 광고를 냈는데도 효과가 없다'라는 리스크도 없으므로 한 번 시험해 본다고 해서 손해볼 것도 없습니다.

인스타그램은 무료로 계정을 개설하고 이용할 수 있다

Memo

인스타그램에서도 돈을 지불하고 광고를 낼 수 있습니다. '하루 100엔~'처럼 아주 적은 금액부터 시도해 볼 수 있습니다.

▶ ②장기적인 자산이 될 수 있다

TV CF나 리스팅 광고(검색엔진 검색 결과에 사용자가 찾은 키워드에 연동하여 올라오는 광고를 말하며, 검색 연동형 광고 또는 PPC(Pay per Click) 광고라고도 함) 등과 같은 유료광고는 즉효성은 있지만, 광고를 그만두면 도달률(Reach; 광고나 마케팅 메시지가 이용자에게 전달되는 비율)도 그치기 때문에 매출을 유지하려면 광고비를 계속 투입해야만 합니다. 반면, 인스타그램으로는 단기적으로 눈에 띄는 성과를 내기가 어렵지만, 운영을 계속하면 할수록 게시물과 UGC, 팔로워가 축적되면서 계정이나 UGC가 자산이 될 수 있습니다.

예를 들어 계정 팔로워가 5,000명이 되면 5,000명에 대해 무료로 상품 정보를 보낼 수 있는 기반이 될 수 있습니다. 또, 인스타그램 상에 축적된 UGC 역시 구매를 고민하는 사람들이 참고할 수 있는 평판 데이터베이스로 작용할 수 있습니다.

대체로 가시적인 효과가 나오려면 짧게 내다보더라도 6개월에서 1년 정도는 소요됩니다. 단기적인 성과가 나오지 않더라도 초조해하지 않고 꾸준히 정보를 발신해 나가는 게 좋습니다.

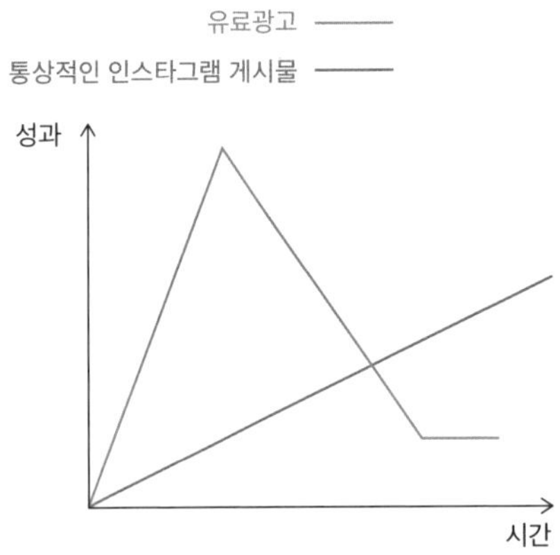

Memo

계정 육성 방법에 대해서는 p.85 이후부터 자세히 알려드립니다.

▶ ③적절한 상대에게 정보가 전달되기 쉽다

인스타그램에서는 피드나 스토리 외에도 해시태그 검색이나 탐색 탭을 통해 다른 이용자들의 게시물을 볼 수 있습니다. 기본적으로 피드나 스토리에는 팔로잉하고 있는 상대의 게시물이 표시되지만, 해시태그 검색이나 탐색 탭에는 인스타그램 알고리즘에 의해 선정된 게시물이 나열됩니다. 해시태그 검색에서는 관련도가 높은 게시물 중에서도 '좋아요'나 '저장' 등 긍정적인 반응이 많은 게시물이 상위에 표시되는 경향이 강하며, 탐색 탭에서는 각 사용자가 평상시에 보는 게시물의 내용이나, '좋아요' 등의 활동을 바탕으로 취향에 맞을 것 같은 게시물이 표시됩니다. 예를 들어 레시피 소개를 저장하는 사용자라면 요리 사진이, 반려동물 사진에 '좋아요'를 많이 누르는 사용자라면 동물 사진이 탐색 탭에 우선적으로 노출됩니다.

사용자별로 [탐색 탭]의 표시 내용이 바뀐다

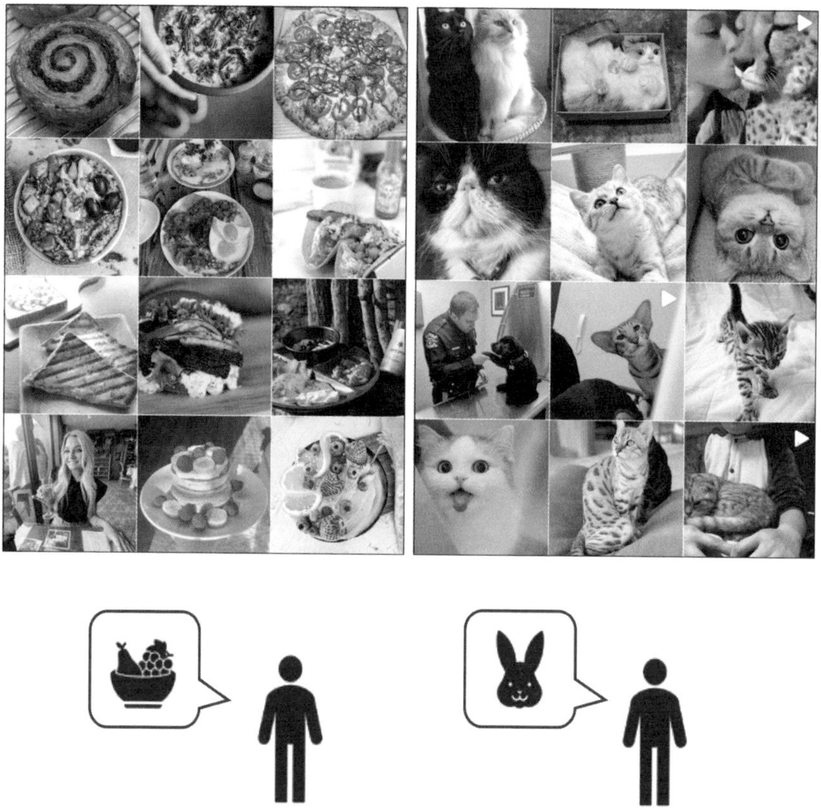

게시물 열람 행동이나 '좋아요', '저장' 등 활동 데이터를 통해 사용자의 취미나 기호를 추측하여 관련성이 높아 보이는 게시물이 우선적으로 표시된다

인스타그램은 '특정 장르에 대한 게시물이나 계정'과 '특정 장르에 관심 있는 사람'을 정밀하게 분석하여 매칭해 주기 때문에 각종 광고나 다른 SNS 대비 정보를 효율적으로 전달할 수 있습니다. 매칭의 정확도를 높이기 위한 해시태그 선택이나 운영 팁에 대해서는 Chapter 3에서 자세히 설명해 드립니다.

▶ ④ 고객과 소통할 수 있다

TV CF를 비롯한 광고는 기업 측이 일방적으로 정보를 발신하는 장입니다. 한편 인스타그램은 소셜미디어, 즉 커뮤니케이션을 취하기 위한 플랫폼입니다. 게시물의 댓글이나 다이렉트 메시지로 고객의 질문에 답하기도 하고, 스토리에서 사용할 수 있는 스티커로 간단한 설문조사를 하는 등 쌍방향 커뮤니케이션을 취할 수 있습니다.

인스타그램 기능을 사용해 간단한 대화를 주고받을 수 있다

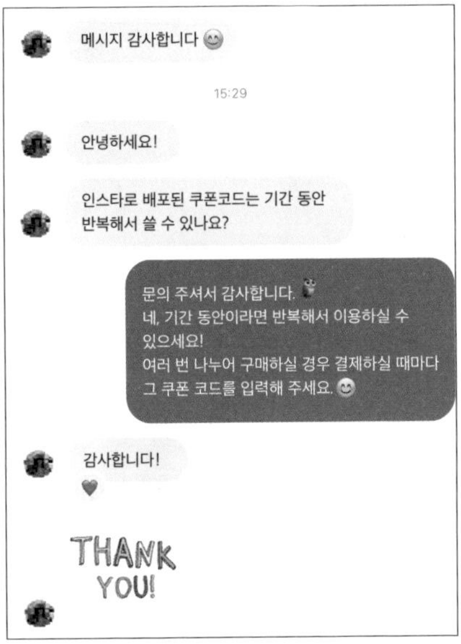

공식 홈페이지에 설치한 문의 폼으로 고객의 요청사항이나 질문을 접수하는 기업들은 많지만, SNS는 이메일보다도 심리적 부담감이 낮아서 고객이 사소한 의문점도 금방 해소할 수 있습니다.

고객이 부담 없이 의견이나 질문을 보내게 되면, 기업 입장에서도 생생하게 고객의 소리를 얻을 수 있다는 장점이 있습니다. SNS를 통해 수집한 고객의 소리를 상품기획이나 마케팅에 참고하기도 하고, 여러 사람에게 비슷한 질문을 받은 게 있다면 그에 대해 설명을 추가할 수도 있습니다. 상품 구매 후 UGC 게시물을 올려 준 사용자에게 감사의 댓글을 남기거나 그 사람이 올린 게시물을 공유하는 것도 좋은 방법입니다. 누구든 질문에 답변을 받거나 감사 인사를 받는다면 기분이 좋아지는 법이지요. 적극적으로 고객과 소통하여 관계를 구축하고 열성적인 '팬'을 늘려나갈 수 있다는 점 또한 인스타그램의 매력이라 할 수 있습니다.

커뮤니케이션은 서로에게 도움이 되는 이점이 있다

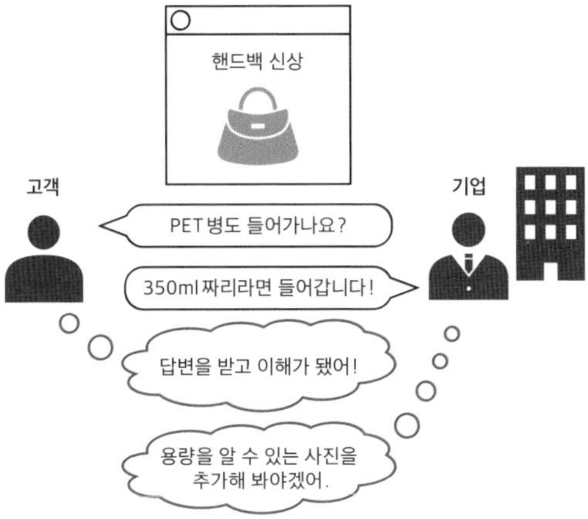

+1 \\ 플러스 원 //

단순접촉효과와 알고리즘

'단순접촉효과'라는 심리학 용어가 있습니다. 이는 특정한 물건이나 사람을 반복적으로 접하면서 대상에 쉽게 호감을 느끼게 되는 현상입니다. 가격이나 성능이 크게 다르지 않은 여러 상품 중에서 무언가 한 가지를 고를 때 '본 적 있는 것, 알고 있는 것'을 먼저 고르게 되지 않나요? 인스타그램에서 어떤 상품에 대해 지속적인 내용을 발신하거나 하나하나 소통을 취하는 것으로도 이 효과를 기대할 수 있습니다.

또 인스타그램 피드나 스토리 게시물은 시계열이 아니라 계정의 관계성에 따라 표시될 위치 등이 정해집니다. 댓글이나 메시지를 주고받는 일이 많은 계정끼리는 '친밀도가 높다'고 판단해, 피드의 인기 게시물이나 스토리 왼쪽 등 우선적으로 보이기 쉬운 위치에 노출됩니다. 자세한 내용은 p.139에서 해설합니다.

Point!

- ☑ 인스타그램은 무료로 계정을 개설하고 이용할 수 있습니다.
- ☑ UGC나 팔로워가 축적되어 판촉의 기반이 됩니다.
- ☑ 보여주고 싶은 상대에게 효율적으로 정보가 전달됩니다.
- ☑ 고객과 쌍방향 커뮤니케이션을 취할 수 있습니다.

Chapter 2

계정을 만들어서 시작해보자

여기에서는 인스타그램 계정 개설 절차와 게시물을 올리는 방법을 소개합니다. 판촉 활동을 위한 '비즈니스 계정'으로 변경하는 절차와 기본적인 사용법에 대해 해설해 드리고자 하니 필요에 맞게 참고하고 바랍니다.

Chapter 2

01 인스타그램 계정을 개설하자

그럼 이제 계정을 취득해 인스타그램을 시작해 볼까요? 여기서는 스마트폰으로 계정을 개설하는 방법과 비즈니스 계정 변경, 프로필을 만드는 방법에 관해 설명합니다.

계정 준비

인스타그램 계정은 5분이면 쉽게 만들 수 있습니다. 먼저 인스타그램 앱을 스마트폰에 설치합니다. 구글 플레이(Google Play)나 앱 스토어(App Store)에서 인스타그램 앱을 다운받아 실행시키면,

- **Facebook 계정을 사용하여 로그인(혹은 Facebook으로 로그인)**
- **이메일 주소 또는 전화번호로 가입하기**

라는 선택지가 표시됩니다. 연결할 수 있는 페이스북(Facebook) 계정이 없다면 이메일 주소 또는 전화번호로 새 계정을 만들어 주세요.

Memo

인스타그램은 운영사인 페이스북과 연결시킬 수 있는 점도 강점이라 할 수 있습니다. 뒤에서 소개할 쇼핑 기능을 사용할 경우에는 페이스북 페이지와 연결하여야 합니다.

계정을 새로 개설하는 경우, 이메일이나 SMS로 인증을 마친 후 이름, 비밀번호, 생년월일을 입력합니다. 이름은 꼭 본명일 필요는 없으므로 회사명이나 브랜드명 등 고객들이 기억할 수 있는 이름으로 설정하면 됩니다. 여기서 주의해야 할 것은 생일입니다. 회사 창립일이나 브랜드 론칭일로 설정할 경우, 새로운 회사나 브랜드가 미성년으로 인식되어 일부 기능이 제한될 수 있으니 만 20세 이상이 될 수 있도록 설정합니다.

비즈니스 계정으로 변경하기

인스타그램 계정은

- **개인용 계정**
- **비즈니스 계정**
- **크리에이터 계정**

의 3가지(프로페셔널로 묶은 것을 반영할 경우 '2가지'로 표시?) 종류가 있으며 초기 설정은 '개인용 계정'으로 되어 있습니다. 계정 종류는 쉽게 전환할 수 있으므로 여기서 '**비즈니스 계정**'으로 변경해 둡니다. 프로필 화면 오른쪽 상단의 삼선 버튼에서 [설정]을 누르고 [계정]→[계정 유형 전환(지금은 [프로페셔널 계정으로 전환]으로 바뀜)]을 누른 후 비즈니스 계정으로 변경하면 프로필에 영업시간, 주소, 전화번호 등 비즈니스에 관한 정보를 올릴 수 있게 됩니다.

> **Memo**
> 최근에는 비즈니스 계정과 크리에이터 계정을 프로페셔널 계정으로 묶은 것 같습니다.

비즈니스 계정으로 전환하기

> **Memo**
> 뒤에 언급할 인스타그램의 쇼핑 기능을 사용하기 위해서도 비즈니스 계정으로 설정해야 합니다.

비즈니스 계정으로 변경하는 또 다른 목적은 '인사이트 데이터'의 활용입니다. 게시물을 본 사람 수나 프로필 방문자 수 등을 확인할 수 있습니다. 게시물을 올린 후 인사이트 데이터를 참고하여 다음에 올릴 게시물의 내용이나 해시태그를 개선하고, 다시 게시물을 올리고 검증하고 개선하고…… 이런 식으로 PDCA 순환 과정을 굴릴 수 있게 됩니다.

Memo

팔로워가 100명 이상이 되면 팔로워의 활동 시간대나 연령대, 성별 비율 등과 같은 데이터도 확인할 수 있게 됩니다. 인사이트 데이터를 보는 방법은 p.101에서 해설하겠습니다.

프로필 정보 설정하기

비즈니스 계정으로 변경하였으면 아이콘이나 자기소개 등 프로필 정보를 설정해 나갑니다. 프로필 완성도는 고객 모집에 큰 영향을 미치기 때문에 아래를 참고하여 어떻게 작성해 나갈지 생각해보기 바랍니다.

인스타그램 프로필 정보

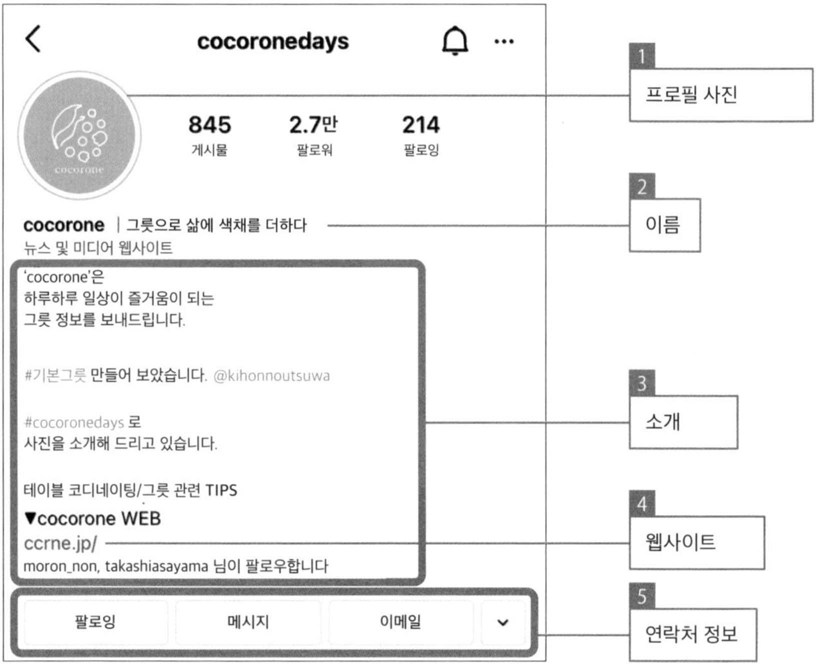

▶ ①프로필 사진

기업이나 브랜드 로고 등 소비자들이 기억할 수 있는 아이콘을 설정합니다. 작게 표시되기 때문에 심플한 형태나 적절한 여백을 넣는 등 보는 이로 하여금 바로 인식할 수 있게 만들어 줍니다. 자세히 들여다보지 않아도 알 수 있게 배경에 색을 입히는 방법도 좋습니다.

프로필 사진의 예

◎좋은 예

요소가 적고 심플하며 색깔로 구별하기 쉬워서 작게 표시되어도 식별할 수 있다.

×좋지 않은 예

아이콘에 다양한 것들이 들어가 있어서 무엇이 메인인지 알기 어렵다.

▶ ②이름

프로필 화면에 표시되는 이름으로, 반각 영자 및 숫자로만 입력이 가능한 사용자 이름과는 달리 국문으로 입력할 수도 있습니다. 브랜드명 등과 같이 사람들이 기억할 수 있는 이름으로 설정합니다. 30자까지 입력할 수 있으므로 상품이나 브랜드에 대해 간단한 설명 등을 추가적으로 기입해 두는 것도 좋은 방법입니다.

이름

Memo

혼란스러우시겠지만, 계정을 만들 때 정한 반각 영자 및 숫자로 된 '이름'은 앞으로 '사용자 이름'이라 부릅니다. 게시물 등록 시 표시되는 것은 '사용자 이름'입니다.

▶ ③소개

상품에 관한 설명 등을 최대 150자까지 쓸 수 있습니다. 여기에 꼭 들어가야 할 내용은 아래 4가지입니다.

(1) 계정 테마

어떤 상품을 소개하는지, 무엇을 전달하려는 계정인지를 간결하게 알리도록 합니다.

예) 유기농 화장품 브랜드 '○○'의 공식 계정입니다.

(2) 계정이 제공하는 가치

인스타그램 사용자가 이 계정을 팔로우하면 얻게 될 이점을 명확히 기재합니다. 신상품 정보를 재빠르게 입수하고, 온라인 쿠폰을 배포하고, 코디네이팅이나 레시피를 제안하는 등, 유익한 정보를 제공하고 있는 점을 어필합니다. 그뿐만 아니라, 고객이 올린 UGC를 공식 계정이 공유하는 것 역시 일종의 '가치'라고 할 수 있습니다.

(3) 지정 해시태그

고객의 UGC를 활용할 경우, 고객이 상품 사진을 올릴 때 넣을 해시태그를 프로필에 적어둡니다. 프로필을 방문한 사용자들이 해시태그를 인식하게 하여 게시물을 올릴 때 해시태그를 안 붙이거나 잘못된 표기, 유효하지 않은 해시태그를 사용하는 경우를 방지할 수 있습니다.

(4) 상품 입수처

'올라온 게시물은 마음에 드는데, 어디서 살 수 있는 건지 모르겠다'라는 일이 없도록, 전자상거래 사이트나 오프라인 점포가 있는 경우에는 그 정보를 기재합니다. 인스타그램 프로필에는 웹사이트 링크를 1개 기재할 수 있으니 공식 사이트나 판매 페이지가 있다면 꼭 넣어둡니다. 프로필에는 이메일 주소 또는 전화번호, 주소 설정란이 있으니 오프라인 점포에 고객을 모으고 싶다면, 그 내용도 적어두도록 합니다.

여러 점포에서 판매하고 있는 경우 '전국 모든 편의점에서 판매 중'과 같이 적어두는 것도 좋은 방법입니다.

웹사이트나 점포 관련 정보를 추가한다

Memo

웹사이트 링크를 넣을 경우 클릭 후의 상황을 예상할 수 있도록 '▼온라인 쇼핑몰로 이동하려면 아래 주소를 클릭하세요'와 같이 링크 주소의 내용을 명확하게 적으면 알기 쉽겠지요.

Memo

프로필 행을 띄울 경우, 줄바꿈 후 스페이스(공백) 키를 입력하면 반영됩니다.

Point!

- ☑ 계정을 만들었으면 비즈니스 계정으로 변경합니다.
- ☑ 프로필 정보는 반드시 설정합니다.

Chapter 2
02 인스타그램 게시물 등록 방법 5종류! 기능을 실제로 사용해보자

사진이나 동영상을 올릴 수 있는 '피드', 24시간 동안만 사진이나 동영상을 공개하는 '스토리' 등과 같이 인스타그램에서 다양한 종류의 게시물 등록이 가능합니다. 각 기능의 사용 방법과 특징을 알아본 후 상품별로 적절한 정보 발신 방법을 찾아보도록 하겠습니다.

계정 준비

인스타그램에는 '피드', '스토리', '릴스', '라이브 방송', 'IGTV'의 5가지 게시물 등록 방법이 있습니다. 게시물 등록 방법에 따라 상품을 보여주는 방식이나 할 수 있는 것이 달라지므로 순서대로 소개해보도록 하겠습니다.

▶ 피드

인스타그램 초기부터 존재하던 가장 일반적인 등록 방법입니다. 대부분 사람들은 '인스타그램'이라 하면 이 피드를 떠올릴 것입니다. 사진이나 동영상을 필터 등으로 편집하고, 캡션(문자)이나 해시태그, 위치 정보를 넣어 게시물을 올릴 수 있습니다.

Memo

한 번에 등록할 수 있는 사진이나 동영상은 최대 10장으로 여러 장 등록 시 옆으로 넘겨서 다음 사진을 보는 슬라이드 형태로 업로드됩니다. 또 등록할 수 있는 동영상은 최대 60초, 캡션 문자 수는 최대 2,200자입니다.

피드 게시물 등록 순서

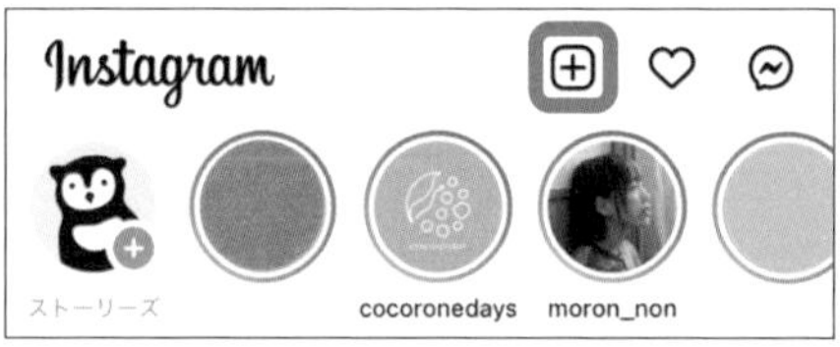

1

타임라인 화면의 ⊕버튼을 클릭합니다. (프로필 화면에서도 게시물을 작성할 수 있습니다.)

여러 장 올리기

2

[새 게시물] 화면이 표시되면 올릴 사진을 목록에서 선택합니다. 여러 장 올리기 버튼을 누르면 사진이나 동영상을 여러 장 선택할 수 있습니다.

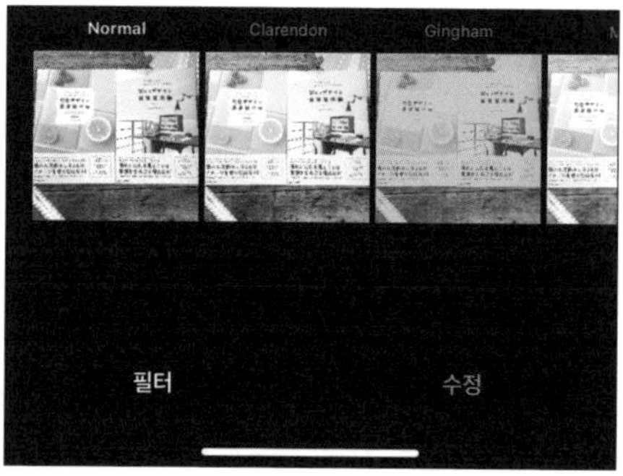

3

필터를 선택하여 원하는 느낌을 내거나, [수정]에서 밝기 등을 보정할 수 있습니다.

Memo

인스타그램에서 사용할 수 있는 필터는 약 20종류가 있지만, 한 계정 내에서 통일감을 주려면 1~2종류만 사용하는 것이 좋습니다.

4

캡션(문자)이나 해시태그, 위치 정보 등을 추가하여 공유합니다.

Memo

'사람 태그하기'에서 다른 계정을 게시물과 엮을 수 있습니다. UGC를 피드 게시물로 공유할 경우, 반드시 올린 사용자를 태그하도록 합니다.

5

게시물이 공개되었습니다.

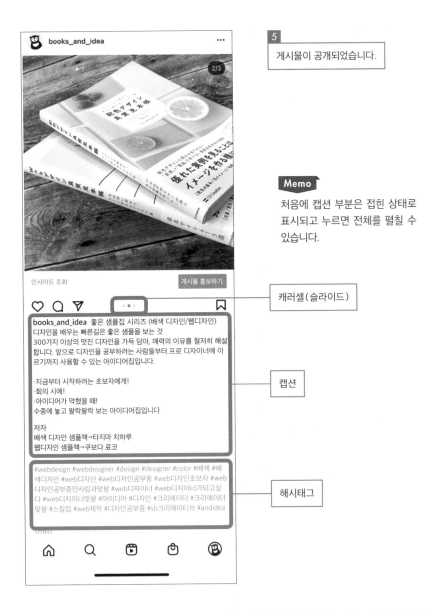

Memo

처음에 캡션 부분은 접힌 상태로 표시되고 누르면 전체를 펼칠 수 있습니다.

피드 게시물은 프로필, 타임라인, 탐색 탭, 해시태그 검색 결과, 지도 검색(위치 정보를 기반으로 한 검색) 결과에 표시됩니다. 해시태그나 탐색 탭을 통해 자신을 팔로우하지 않은 사용자들도 게시물을 볼 기회가 생깁니다.

▶ 스토리

24시간 뒤에 사라지는 세로형 게시물입니다. 사진이나 동영상을 올리기도 하고, 다른 사람이 올린 게시물을 공유할 수 있습니다. 스토리 등록 시 타임라인 상단부에 아이콘이 표시되고, 아이콘을 누르면 내용을 볼 수 있습니다. 스토리 표시 순서는 인스타그램 알고리즘에 의해 조정되며 새로운 게시물 또는 평소 교류가 왕성하거나 즐겨 보는 계정에서 등록된 게시물이 우선적으로 표시되는 구조입니다.

스토리 표시 순서

새로운 것, 교류가 많은 것　　　오래된 것, 교류가 적은 것

스토리는 24시간 뒤에 사라진다는 점 때문에 부담감이 적어 많이 이용됩니다. 신제품 소개, 영업시간이나 기간 한정 세일 정보, 인스타 라이브 방송 예고 등 팔로워들과 소통하는데 적합합니다.

스토리 이용사례

타임라인 왼쪽 상단에 표시된 자신의 아이콘을 누르면 스토리 게시물을 작성할 수 있습니다.

1

타임라인 왼쪽 상단에 표시된 자신의 아이콘을 눌러서 게시물 작성 화면을 엽니다.(프로필 화면에서 스토리 게시물을 작성할 수도 있습니다.)

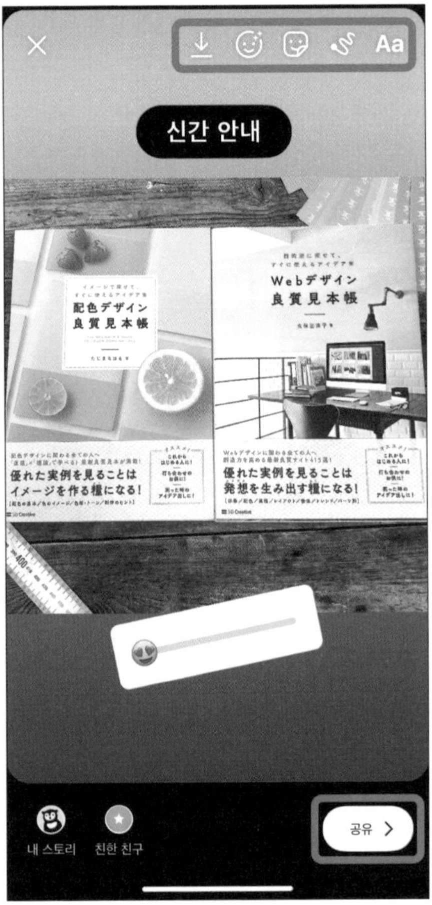

2

스토리에서 소개할 사진이나 동영상을 선택하고, 필요에 맞게 글자나 스티커를 추가합니다.

3

보낼 곳을 지정하여 공유합니다. (사전에 '친한 친구' 리스트를 작성해 제한적으로 공개할 수도 있지만, 비즈니스 목적으로 사용할 경우 기본적으로 전체 공개로 설정하면 됩니다.)

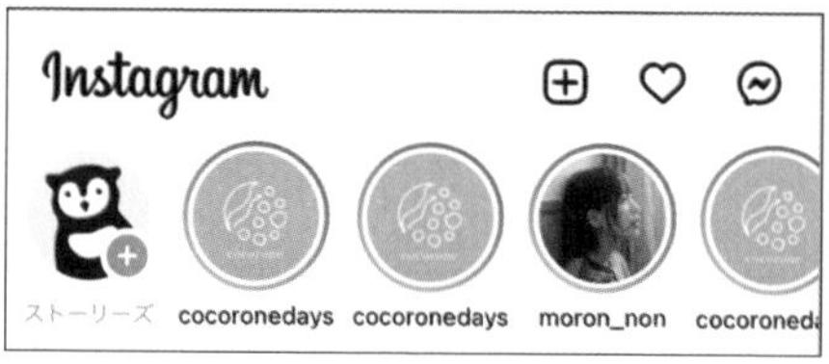

4

게시물이 공개되었습니다. 스토리가 공개되면 아이콘 주변에 색이 들어옵니다.

+1 \\ 플러스 원 //

스토리로 사람들과 소통을 즐겨보자!

스토리에는 팔로워들과 소통할 수 있는 수단이 다양하게 존재합니다. 다이렉트 메시지나 위로 스와이프하여 바로 보낼 수 있는 '빠른 공감' 이외에도 스티커로 간단하게 설문조사나 질문을 할 수도 있습니다. 스티커로 상품에 관한 퀴즈나 사용법에 대한 설문조사를 하는 것 또한 추천합니다.

슬라이드 스티커와 설문 스티커

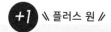

또 스토리 게시물을 남겨두고 싶을 땐 스토리 화면 오른쪽 하단 아이콘의 '하이라이트'를 눌러서 추가하면 24시간이 지나도 프로필 화면에서 확인할 수 있습니다. 상품 정보나 레시피 등 테마 별로 하이라이트를 작성하면 정보를 정리할 수 있습니다.

스토리를 저장하는 하이라이트 기능

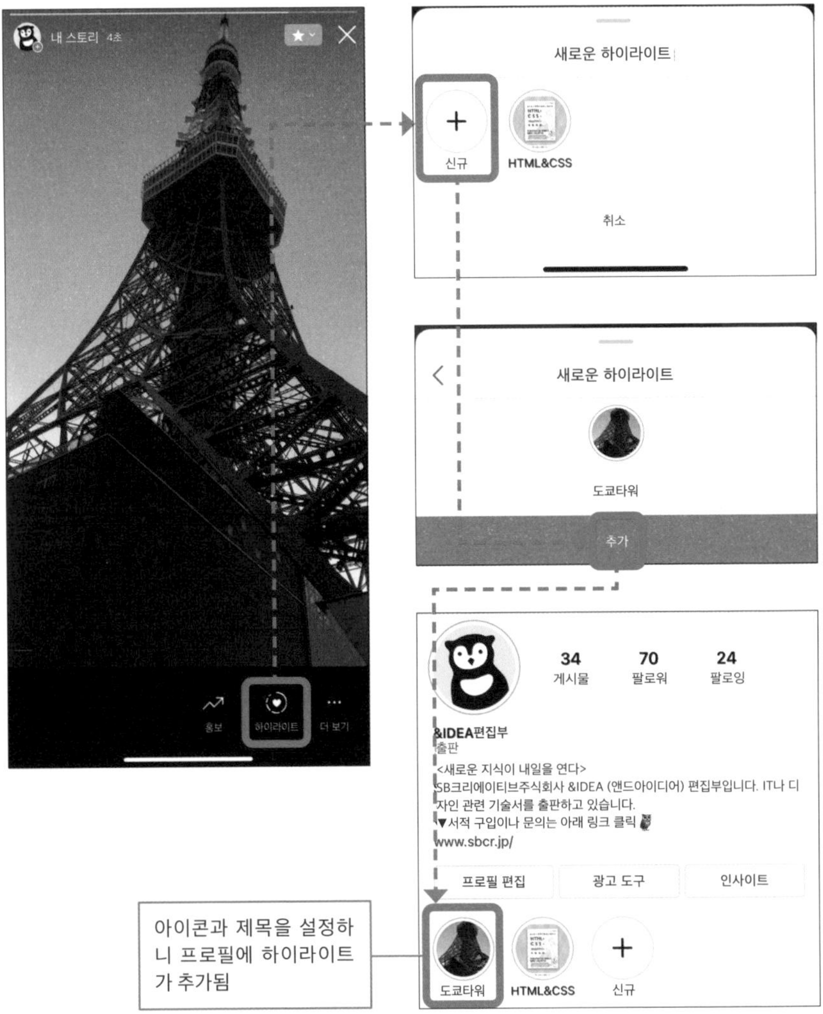

▶ 릴스

노래나 효과를 넣어 15초 또는 30초 이내의 세로형 동영상을 올리는 기능입니다. 탐색 탭이나 해시태그 검색에도 상단에 릴스 탭이 노출되어 있어 팔로워가 아닌 사람들에게도 쉽게 전달되는 구조입니다. 릴스로 만든 동영상은 올리기 전에 캡션이나 해시태그를 붙일 수 있습니다.

- **앱 상에서 사용자가 누르기 쉬운 하단메뉴 중앙(푸터 중앙)에 전용 탭이 있다.**

- **탐색 탭이나 해시태그 검색에도 상단에 릴스 탭이 노출되어 있다.**
- **프로필에도 릴스 전용 탭이 있다.**
- **타임라인에도 팔로잉하지 않은 사용자의 릴스가 추천 게시물로 표시된다.**

……이러한 점들을 미루어 볼 때, 인스타그램이 릴스 기능 사용을 적극적으로 홍보하고 있다는 사실을 알 수 있습니다.

릴스 게시 방법

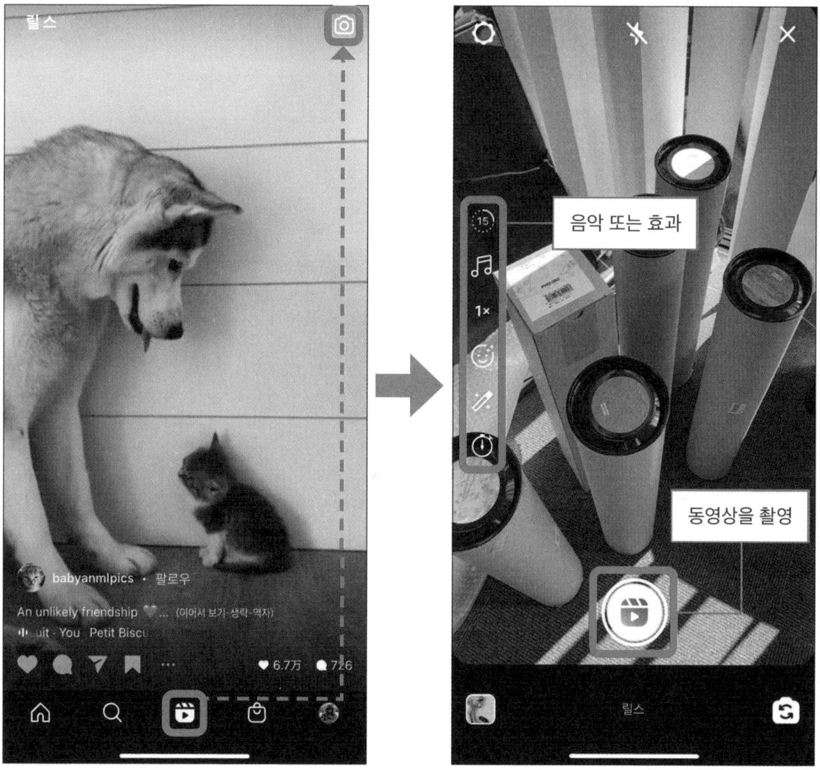

1
앱 하단 중앙에 표시된 아이콘→오른쪽 상단 카메라 아이콘을 누릅니다.

2
게시물 작성 화면이 나타납니다. 왼쪽 아이콘에서 동영상의 길이나 음악, 효과 등을 선택할 수 있습니다.

Memo

릴스로 만든 게시물을 표시할 위치는 '탐색 탭', '탐색 탭과 피드', '스토리'의 3가지 중에서 선택할 수 있습니다.

▶ 라이브

촬영과 동시에 방송을 내보내는 기능입니다. 방송 중 시청자들의 질문에 답하는 등 실시간 커뮤니케이션이 가능합니다. 상품에 관한 의문점을 바로바로 해소할 수 있기 때문에 구매의 마지막 결정수로써도 뛰어난 역할을 하는 툴입니다. 라이브는 최대 4시간까지 방송할 수 있고, 라이브 방송 진행 중에는 스토리 란의 왼쪽에 표시됩니다. 계정 프로필에서도 라이브 방송 진행 중인 사실을 확인할 수 있고 탐색 탭의 IGTV의 '방송 중'에 표시되기도 하여 팔로워가 아닌 사람들에게도 보여줄 수 있습니다.

타임라인 오른쪽 상단의 게시물 작성 버튼을 누르고 화면 아래쪽의 게시물 작성 방법을 전환하는 곳을 오른쪽 끝까지 스와이프하면 라이브 방송화면을 표시할 수 있습니다. 피드나 스토리와 달리 실시간으로 방송을 하는 것이기 때문에 전달할 내용을 사전에 정리해 두는 것이 좋습니다.

라이브 방송 순서

Memo

스와이프하면 피드, 스토리, 릴스, 라이브 방송의 4종류 중에서 게시물을 올릴 방법을 선택할 수 있습니다.

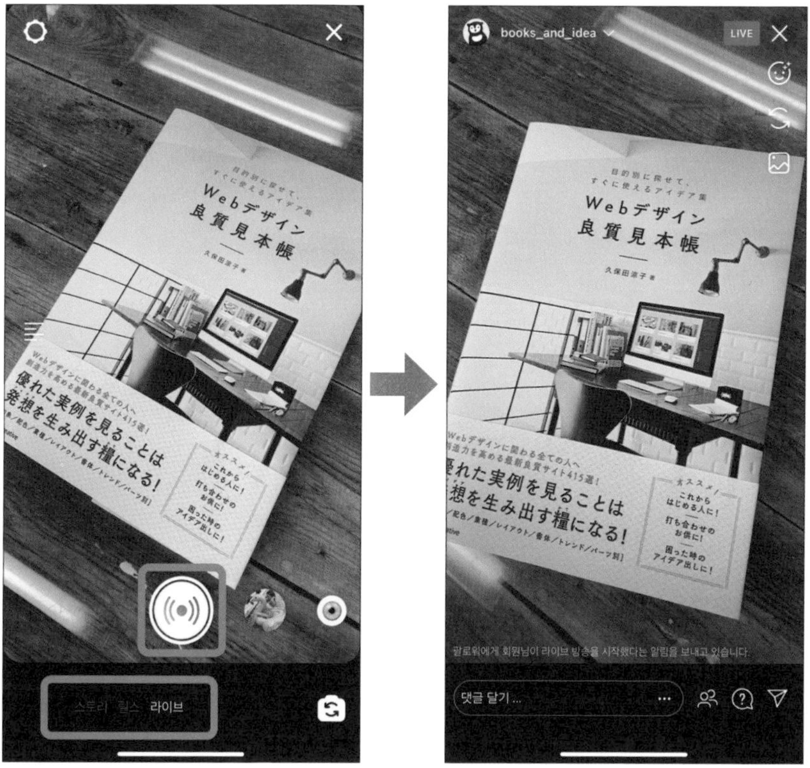

게시물 작성 화면에서 오른쪽 끝까지 스와이프하여 '라이브' 모드로 바꾼 후 가운데 버튼을 누르면 방송이 시작됩니다.

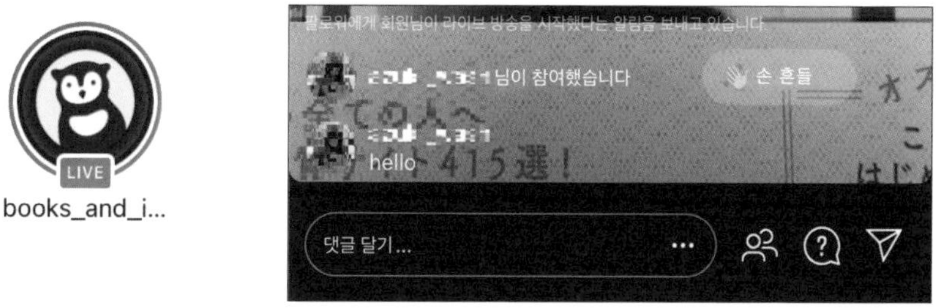

라이브 중에는 스토리나 프로필 아이콘에 'LIVE'라고 표시됩니다. 사용자들이 방송을 보거나 댓글을 보내면 화면 아래쪽에서 그것들을 확인할 수 있습니다. 댓글을 확인하면서 시청자의 요청에 응해 나가는 것이 좋습니다.

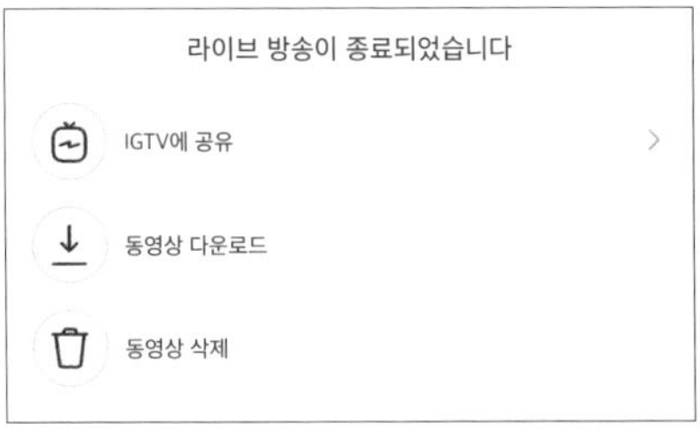

Memo

방송화면 오른쪽 상단의 x 버튼을 누르면 방송을 종료합니다. 종료 후 'IGTV에 공유'를 선택하면 프로필 페이지에서 보관된 내용을 확인할 수 있습니다.

라이브 방송은 시청자와 실시간으로 소통하는 것이 중요합니다. 갑작스럽게 라이브 방송을 내보내기보다, '매주 수요일 19시부터 20시까지'와 같이 라이브 방송 일정을 고정하거나 피드 또는 스토리에서 라이브 방송 예고를 하면 사람들이 더 잘 볼 수 있습니다. 질문이 나오지 않을까 봐 걱정되거나 사전에 시청자들이 궁금해하는 테마를 알고 싶을 경우, 라이브 방송 예고 시에 질문을 미리 모집해 두는 것도 좋습니다. 특히 스토리에는 라이브 시간에 맞추어 리마인더를 보내주는 카운트다운 스티커나 메시지 스티커, 설문 스티커 등 편리한 기능이 많이 있으니 시험 삼아 사용해보기 바랍니다.

라이브 방송 순서

▶ IGTV

1분짜리부터 최장 60분까지 가로형 또는 세로형 동영상을 등록할 수 있는 기능입니다. 피드나 스토리, 릴스로 모두 담을 수 없는 동영상은 IGTV로 만들어 줍니다. IGTV 동영상은 프로필 화면에서 만들 수 있습니다.

IGTV

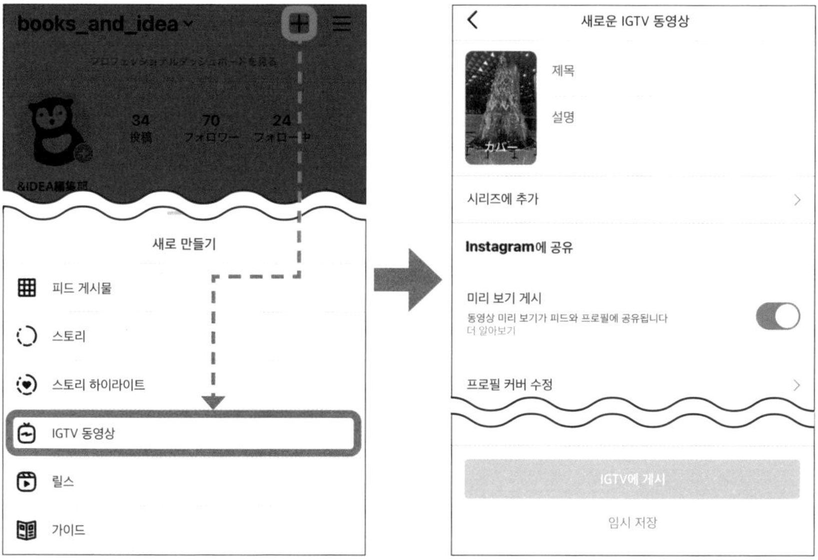

+1 \\ 플러스 원 //

IGTV 전용 앱

인스타그램이 공식적으로 제공하는 전용 앱을 사용하면 동영상 제작과 등록이 더욱더 쉬워집니다. 길이가 긴 동영상을 자주 올리는 분들이라면 앱 사용을 추천합니다.

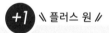

Point!

- ☑ 인스타그램 게시물 등록 방법에는 5가지 종류가 있습니다.
- ☑ 목적에 알맞게 게시물 양식을 사용해봅시다.

Chapter 2

03 인스타그램의 리액션 기능을 자유자재로 사용해보자!

인스타그램에 올라온 게시물에 '좋아요'를 누르거나 댓글, 다이렉트 메시지로 커뮤니케이션을 취할 수 있습니다. 여기(03절)에서는 자주 사용하는 리액션 기능(게시물 반응 기능)에 대해 해설합니다.

댓글은 정보의 보고

피드나 스토리 등에 게시물을 계속 올리다 보면 다른 사용자들이 댓글이나 다이렉트 메시지를 보내오는 경우가 있습니다. 이름, 이메일 주소 등 여러 가지 항목을 입력해야 하는 웹사이트의 문의 양식에 비해, 인스타그램은 부담 없이 컨택이 가능하다는 점에서 가벼운 질문을 보내오는 사용자들도 있습니다. 받은 댓글이나 메시지에 모두 답하는 것은 부담이 크지만, 상품에 관한 질문이라면 가능한 범위 내에서 답변하는 것이 좋습니다. 자신의 질문에 답변이 달린다면 사용자 입장에서 기분 좋은 일이기 때문에 기업이나 브랜드에 대해 좋은 인상을 남길 수 있고, 궁금했던 부분이 해소되어 구매를 결정할 수도 있기 때문입니다. 기업 입장에서도 사용자가 어떤 점을 신경 쓰고 어떤 부분에 대해 궁금해하는지 생생한 의견을 들을 수 있습니다. 그뿐만 아니라, 인스타그램 알고리즘이 계정 간 친밀도를 판단하고 그에 따라 피드나 스토리 게시물 노출 순서를 변경해 줍니다. 댓글로 답변을 주고받으면서 친밀도가 올라가면 자신의 게시물이 상대방에게 더 많이 노출되게 한다는 측면도 있습니다.

▶ 피드 게시물에 대한 댓글

피드 게시물에 댓글이 달리면 캡션 아래에 [댓글 1개 보기]나 [댓글 10개 모두 보기]라는 글자가 나옵니다. 글자를 누르면 확장되면서 댓글을 표시할 수 있습니다.

피드 게시물의 댓글

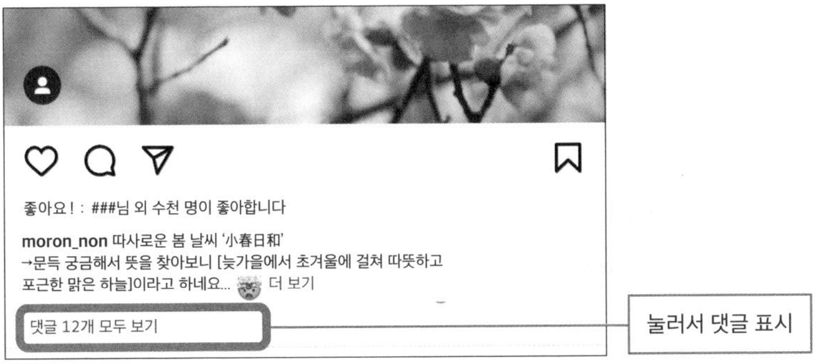

게시물에 대해 '도움이 됐어요', '예쁘네요' 등 댓글이 달릴 수 있습니다. 질문에는 답변을 다는 것이 좋지만 이렇게 작은 소감을 남긴 댓글에 대해서는 '좋아요' 등으로 반응하기만 해도 좋습니다.

댓글에 '좋아요' 누르기

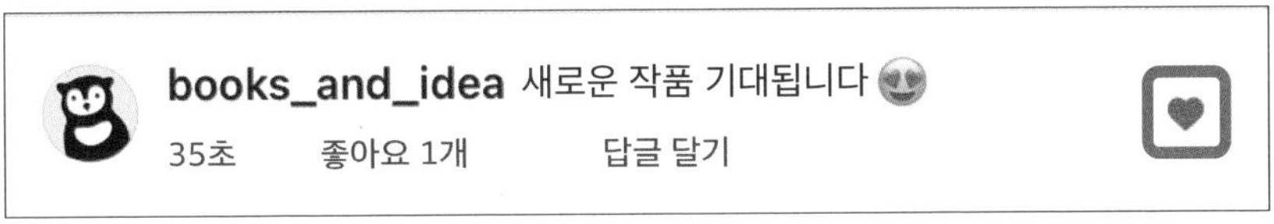

▶ 다이렉트 메시지(DM)

스토리에 댓글을 보내거나 이모티콘으로 된 '빠른 공감'을 보내면 '다이렉트 메시지' 형태로 보내집니다. 피드 게시물에 댓글을 달면 다른 사람들도 볼 수 있지만 다이렉트 메시지는 자신과 상대방만 볼 수 있는 폐쇄적인 커뮤니케이션 방식입니다.

다이렉트 메시지는 프로필 화면의 [메시지] 버튼에서 보낼 수도 있습니다.

다이렉트 메시지

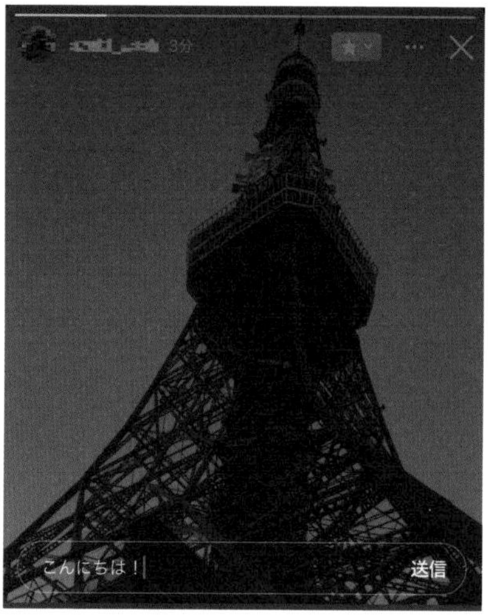

Memo

피드 댓글과 마찬가지로 다이렉트 메시지에도 '좋아요'로 반응할 수 있습니다.

'좋아요'와 '저장'의 차이점

'좋아요'와 '저장' 모두 등록된 게시물에 대한 긍정적인 행동이지만 그 목적은 크게 다릅니다. '좋아요'는 상대방에게 보여지는 것이 전제되는 커뮤니케이션의 일종인데 반해, '저장'은 자신을 위한 행동입니다. 게시물에 '좋아요'를 누르면 상대방에게 알림이 가게 되고 누구의 반응인지도 확인할 수 있습니다. 그렇기 때문에 '좋아요'는 게시물이 마음에 든다는 사실을 나타내기도 하고, 상대방에게 호감을 느끼고 있음을 나타내는 인사 대신으로 쓰이기도 합니다. 반면 게시물 저장은 상대방에게 알림이 가지 않습니다. 원 게시물을 올린 사람은 '몇 명이 저장했는지'를 알 수 있을 뿐, 누가 저장했는지는 확인할 수 없습니다. '좋아요'가 상대방을 의식한 커뮤니케이션인데 반해, 저장은 자신이 나중에 게시물을 다시 보기 위한 행위입니다.

Memo

인스타그램 알고리즘은 해시태그 검색의 인기 게시물이나 탐색 탭에 표시될 게시물을 선정할 때 '좋아요' 수보다 '저장' 수를 더 중요하게 보고 있습니다. 자신이 나중에 도움을 얻기 위한 '저장'이 많은 게시물은 유익한 게시물이라고 판단하기 때문입니다.

저장한 게시물은 카테고리별로 폴더를 나누어 정리할 수도 있습니다. 관심 있는 상품에 대한 게시물을 콜렉션으로 모아두었다가 나중에 다시 확인하면서 구매하는 '위시리스트'로 사용하는 일도 많습니다. 프로필에서 저장 완료된 게시물을 확인할 수 있습니다.

카테고리별로 게시물 저장하기

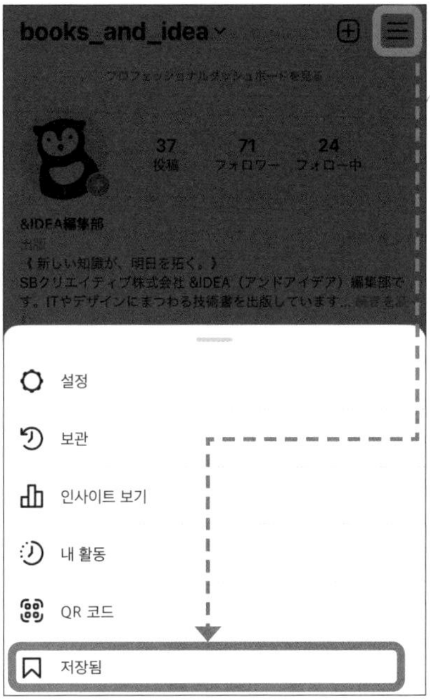

Memo

Shop 태그가 붙은 게시물은 자동으로 '위시리스트'에 저장됩니다.

피드 게시물 공유하기

피드 게시물 왼쪽 하단의 종이비행기 아이콘을 누르면, 게시물을 내 스토리에 공유할 수 있습니다. 인스타그램의 몇 안 되는 확산 기능입니다. 스토리에 공유된 게시물은 공유한 사람의 팔로워에게 표시되고, 이로 인해 상품에 관한 대화가 시작되기도 합니다. 공유된 게시물에 관심을 가진 사람이 프로필을 방문할 수도 있습니다. 또 기업이 일반 사용자의 UGC를 공유하는 기능으로도 활용할 수 있습니다.

스토리에 게시물 공유하기

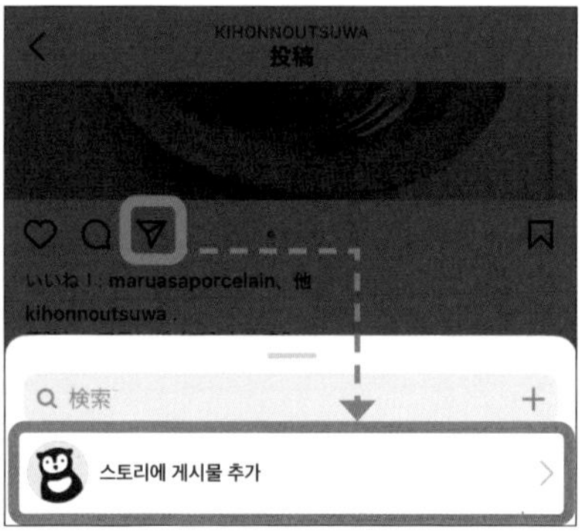

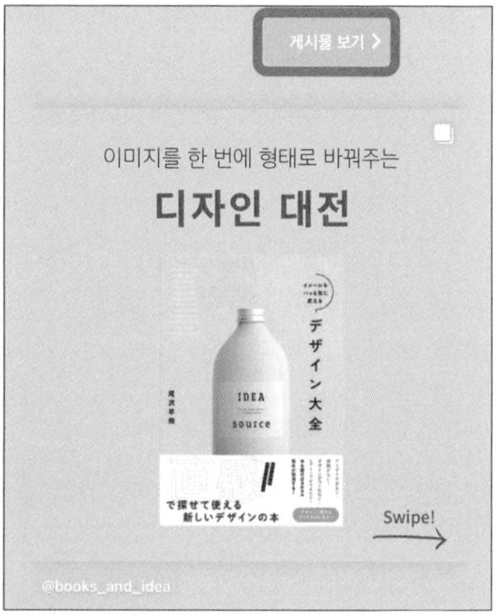

게시물 공유 범위는 '전체', '친한 친구' 등에서 고를 수 있습니다.

공유된 게시물을 눌러 [게시물 보기]를 선택하면 원래 게시물로 이동합니다.

Point!

- ☑ 댓글 등으로 질문이 들어오면 대응 가능한 범위에서 답변을 보냅니다.
- ☑ 좋아요는 소통 목적, 저장은 실용 목적입니다.
- ☑ 피드 게시물을 스토리로 공유할 수 있습니다.

Chapter 2
04

인스타그램으로 쇼핑을 할 수 있다! 쇼핑 기능을 도입해보자

인스타그램 비즈니스 계정에서는 페이스북과 연결하여 쇼핑 기능을 사용할 수 있습니다. 전자상거래 사이트를 가지고 있다면 인스타그램을 통한 접속자 증가를 기대할 수 있으니 쇼핑 기능을 설정해 봅시다.

쇼핑 기능이란?

인스타그램 사용자가 앱에서 찾은 상품을 바로 구매할 수 있게 하는 기능입니다. 피드 게시물에 상품 정보가 들어간 '쇼핑 태그'를 부여하거나, 프로필에 상품 카탈로그 같은 페이지를 만들 수도 있고, 관심 상품을 저장하거나, 외부 전자상거래 사이트로 이동할 수도 있습니다.

쇼핑 태그에서 상품에 대한 상세정보를 확인

게시물을 누르면 나타나는 쇼핑 태그를 클릭하여 상세정보를 볼 수 있다.

프로필의 [Shop 보기] 버튼이나 아이콘에서도 쇼핑 태그가 붙은 상품을 볼 수 있습니다.

프로필에서 상품을 확인할 수 있다

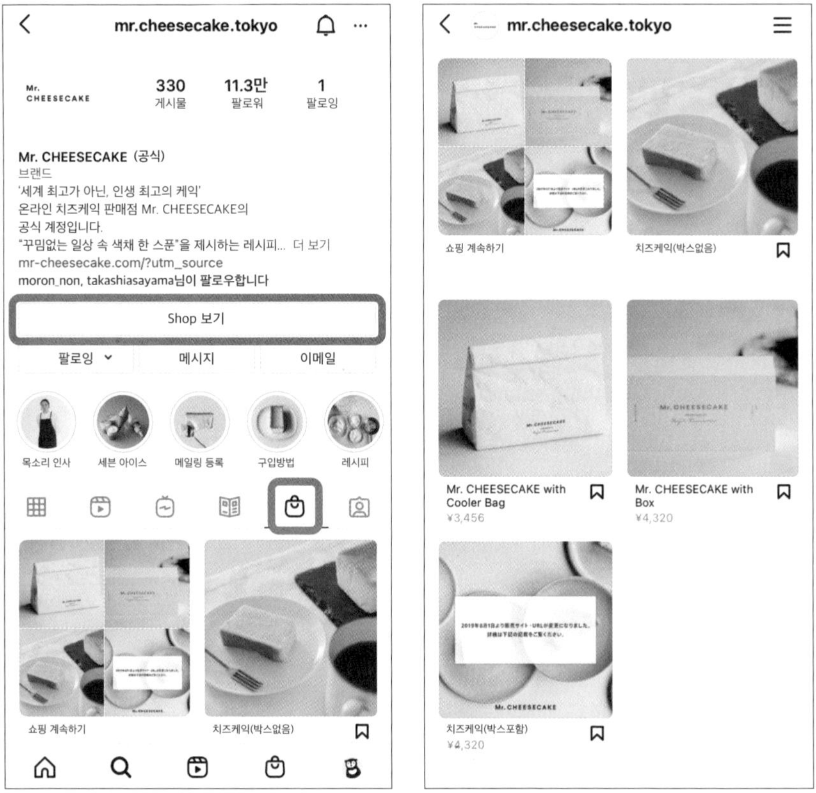

Shop 태그가 붙은 게시물을 저장하면 위시리스트에 저장됩니다.

Memo

프로필 URL에서 전자상거래 사이트로 이동할 때, 찾고자 하는 상품을 메인페이지에서 다시 찾아야 하지만, 쇼핑 기능이 도입되어 있다면 게시물에서 외부 전자상거래 사이트로 이동 시 인스타그램에서 보던 상품 페이지를 직접 열어볼 수 있습니다.

쇼핑 기능은 매출에 직결되므로 가급적 지금 바로 이용할 것을 추천해 드립니다.

쇼핑 기능을 이용하려면?

쇼핑 기능을 이용하려면 먼저 신청을 하고 심사가 통과되면 계정에 쇼핑 기능이 추가됩니다. 신청에 필요한 것은 다음 4가지입니다.

▶ 신청에 필요한 것

① 인스타그램 비즈니스 계정

쇼핑 기능을 사용하려면 개인 계정이 아닌 비즈니스 계정이어야 합니다. 비즈니스 계정으로 변경하는 절차는 p.31을 확인해주세요.

② 페이스북 페이지

페이스북 개인 계정과는 별도로 개설할 수 있는 페이지입니다. 비즈니스를 위한 기능이 잘 갖추어져 있으며, 광고를 내거나 물건을 판매할 수도 있습니다. 페이스북 개인 계정을 가지고 있다면 누구든 개설하고 이용할 수 있습니다.

페이스북 페이지의 예

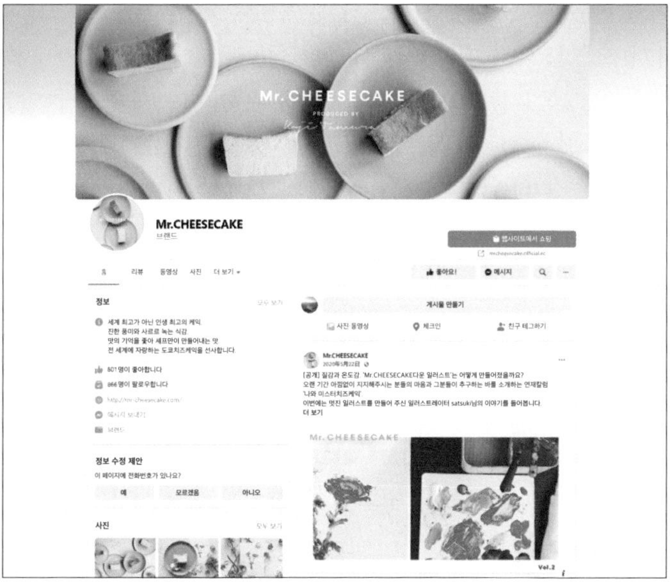

③ 상품 카탈로그

페이스북 페이지 내에서 상품을 판매할 경우, 페이스북 상거래 관리자를 통해 상품 카탈로그를 작성합니다. 페이스북에서 작성한 카탈로그를 인스타그램과 연동하여 이용합니다.

상품 카탈로그의 예

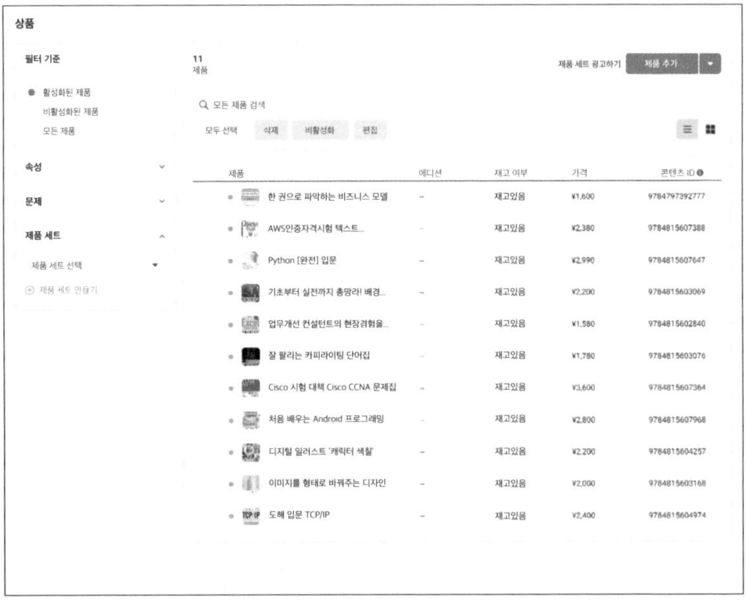

④ 전자상거래 사이트

자체 도메인을 보유하고 있는 기업 또는 브랜드의 전자상거래 사이트입니다. 쇼핑 기능이 추가되면 인스타그램 앱 내에서 전자상거래 사이트 상품 페이지로 직접 이동하여 쇼핑할 수 있게 됩니다.

Memo

도메인이란 인터넷상의 주소와 같은 것으로, URL이나 이메일 주소로 'www.도메인 이름.com', '사용자 이름@도메인이름.com'와 같이 표시됩니다. 예를 들어 'https://www.hottolink.co.jp/'라는 URL에서는 'hottolink.co.jp'부분이 도메인명입니다.

+1 플러스 원

쇼핑 기능의 이용 조건

쇼핑 기능을 이용하려면 인스타그램이나 페이스북에서 제시하는 규약을 따라야 합니다. 여기서는 주요 조건들에 관해서만 소개하며, 자세한 내용은 커뮤니티 가이드라인이나 상거래 정책을 확인해보기 바랍니다.

- **소재지**

  인스타그램 페이지나 페이스북 페이지의 소재지가 쇼핑 기능을 이용할 수 있는 나라여야 합니다. 국내에서 이용할 경우에는 문제가 되지 않습니다.

- **상품**

  인스타그램 Shop에서는 주류, 성인용품, 영양보조식품, 무형상재(보험이나 금융 상품) 등 판매 행위를 금지하고 있습니다.

- **전자상거래 사이트가 자체 도메인일 것**

  이동하는 전자상거래 사이트가 자체 도메인이어야 합니다. 아마존(Amazon) 등 외부 플랫폼에 출품하고 있는 경우는 심사에서 거절됩니다.

인스타그램 커뮤니티 가이드라인:
https://help.instagram.com/477434105621119

페이스북 상거래 정책:
https://www.facebook.com/policies/commerce

다음 페이지에서 쇼핑 기능 신청의 흐름에 대해 간단히 설명하고 있습니다. 실제로 신청할 때는 전자상거래 사이트 관리자 등과 협의를 거쳐 진행하기 바랍니다.

▶ 쇼핑 기능의 신청 절차

계정 프로필 페이지에서 [설정]→[비즈니스]→[Instagram 쇼핑을 설정하기]를 눌러 인스타그램 Shop의 설정 화면을 표시합니다.

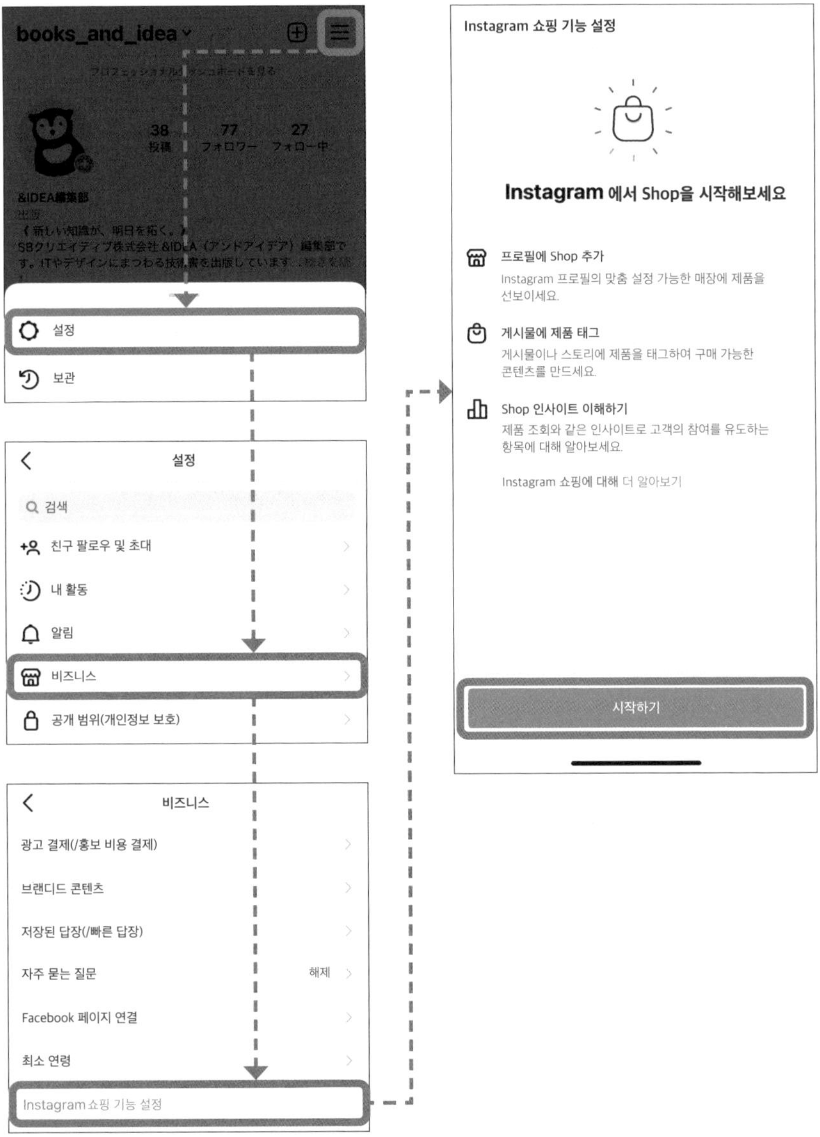

[페이스북 계정을 링크]에서 연동시킬 페이스북 페이지를 선택합니다. 이메일 주소와 비밀번호를 입력해 페이스북 계정에 로그인하면 그 계정과 연동된 페이스북 페이지를 선택할 수 있습니다.

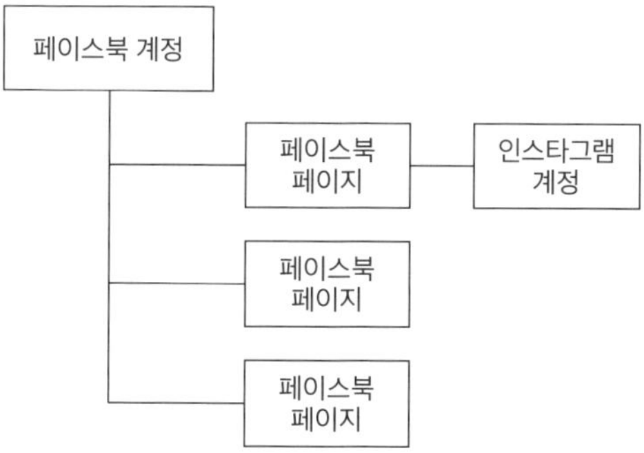

Memo

페이스북 계정 한 개에 대해 여러 개의 페이스북 페이지를 만들 수 있습니다.
페이스북 페이지 한 개당 연동시킬 수 있는 인스타그램 계정은 한 개입니다.

[페이스북 계정을 링크]에서 연동시킬 페이스북 페이지를 선택합니다. 이메일 주소와 비밀번호를 입력해 페이스북 계정에 로그인하면 그 계정과 연동된 페이스북 페이지를 선택할 수 있습니다.

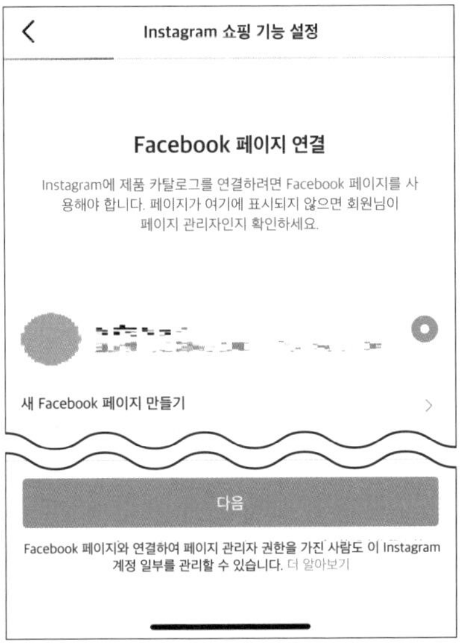

프로필에 Shop 탭이 나타난다

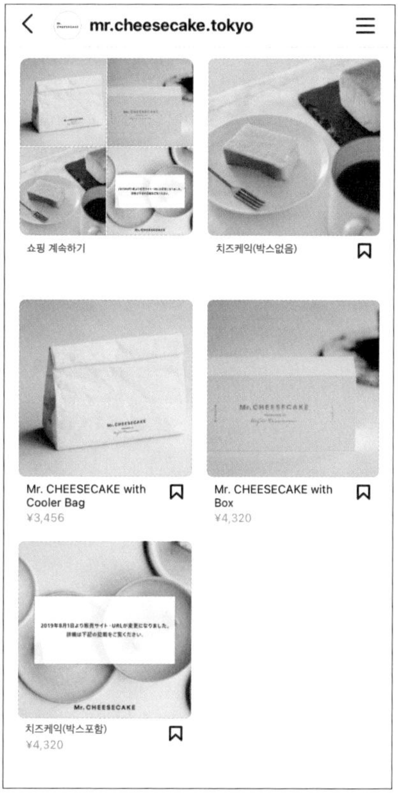

인스타그램 쇼핑 기능은 향후 계속 확대에 주력할 것으로 공식적으로도 밝힌 바 있습니다. 향후에도 자주 업데이트가 이루어질 것으로 예상되니 지금 이용하지 못했더라도 포기하지 말고 몇 달 후에 다시 한번 체크해보면 좋습니다.

Point!

- ☑ 페이스북과 연결하여 쇼핑 기능을 이용해봅시다.
- ☑ 신청할 때 전자상거래 사이트 관리자 등과 협력하여 신청합니다.
- ☑ 쇼핑 기능은 계속 업그레이드 중, 향후에도 주목할 것입니다.

Chapter 2
05 계정 운영을 도와주는 툴! 무료로 사용할 수 있는 추천 툴 Best 5

인스타그램 계정은 일단 운영을 지속하는 것이 중요합니다. 평상시 업무와의 병행으로 고민하는 사람들이 많을 것 같아, 이번에는 매일매일 운영을 도와주는 편리한 툴에 대해 소개해드립니다.

야간이나 휴일에도 게시물 자동 업로드

▶ 크리에이터 스튜디오

피드와 IGTV의 예약 포스팅이 가능한 페이스북 공식 툴입니다. 웹 브라우저상에서 크리에이터 스튜디오를 열고 게시물을 작성한 후 게시물을 올릴 날짜와 시간을 지정하여 공개할 수 있습니다. '월/수/금 22시에 게시물을 작성'한다거나, '토/일에도 게시물을 작성'한다거나 할 경우, 그때그때 수동으로 글을 작성하는 것은 꽤 부담이 됩니다. 크리에이터 스튜디오를 사용하면 10분 후부터 2.5개월 후까지 날짜와 시간을 지정하여 예약 등록이 가능하므로 틈날 때 게시물을 한꺼번에 작성해 두고 조금씩 공개해 나갈 수 있습니다.

크리에이터 스튜디오

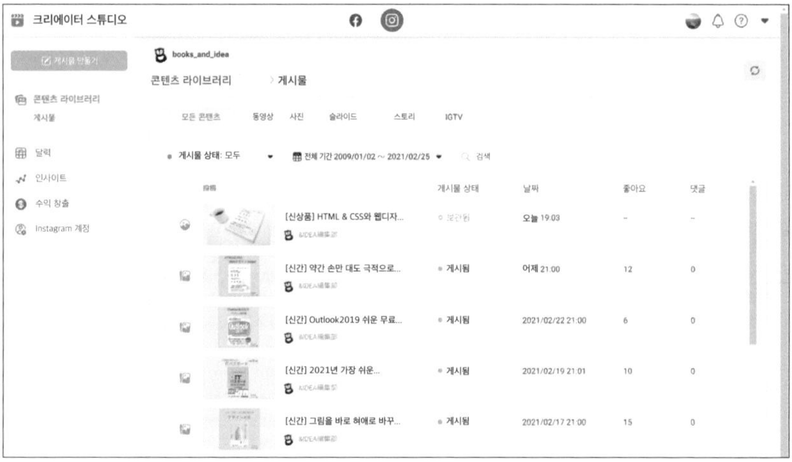

[게시물 만들기]에서 [Instagram 피드]나 [IGTV]를 선택하여 사진이나 동영상을 올리거나, 캡션, 해시태그, 위치 정보를 부여합니다. 게시물이 작성되면 [예약(저장하여 날짜 지정)]을 선택합니다.

게시물을 작성하고 게시할 날짜를 지정한다

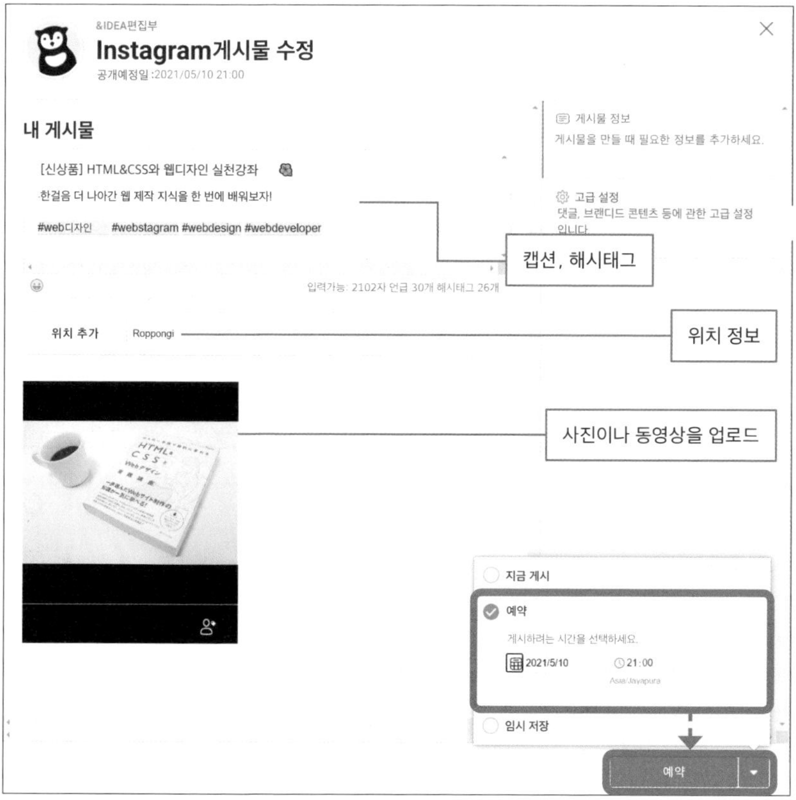

예약 기능을 사용하면 게시물을 잊어버리지 않고 올릴 수 있습니다. 그뿐만 아니라 계정의 인사이트 데이터(p.101)도 크리에이터 스튜디오에서 확인할 수 있습니다.

인사이트 데이터

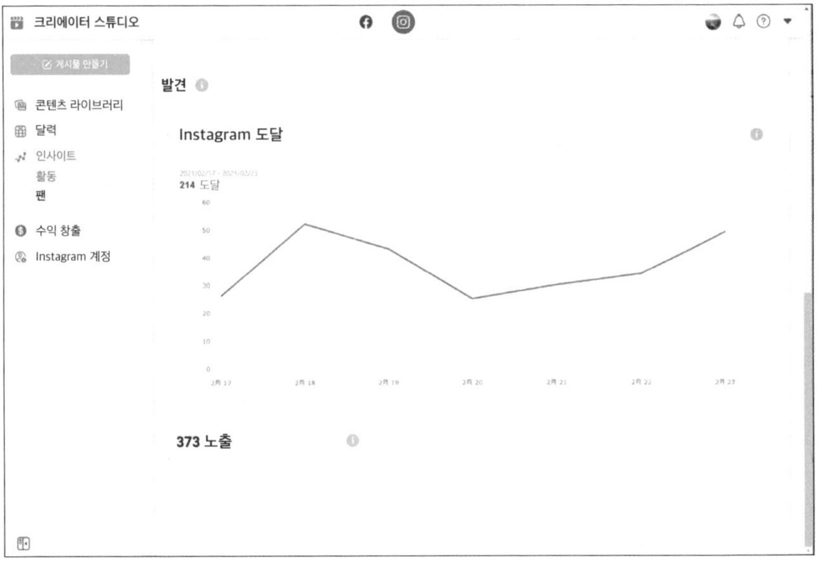

편집 툴로 퀄리티 높은 게시물 올리기

▶ 스냅시드(Snapsheed)

구글이 제공하는 사진 편집 앱입니다. 스마트폰으로 쉽게 밝기 조절이나 트리밍을 할 수 있습니다.

스냅시드(Snapsheed)

스냅시드는 다양한 필터를 제공하는데, 사용할 필터를 2, 3종류 정도로 고정하면 계정에 통일감을 줄 수 있습니다.

다양한 편집 기능

▶ 캔바(Canva)

사진 위에 문자나 도형 등을 배치할 수 있는 스마트폰 앱입니다. 피드를 올릴 때 쓰기 좋은 정사각형이나 스토리용 세로형 템플릿을 선택하여 누구나 쉽게 세련된 게시물을 작성할 수 있습니다.

캔바(Canva)

인스타그램용 탬플릿이 갖추어져 있다

Memo

레시피 정보 등 텍스트로 된 정보성 게시물이나 UGC 샘플 게시물(p.150) 작성할 때에도 편리하게 이용할 수 있습니다.

▶ 포토(fotor)

사진을 편집하거나 콜라주를 만들 수 있는 앱입니다.

포토(fotor)

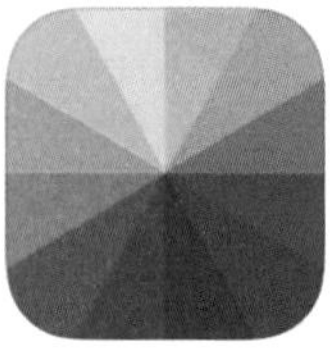

템플릿을 사용하여 콜라주를 작성

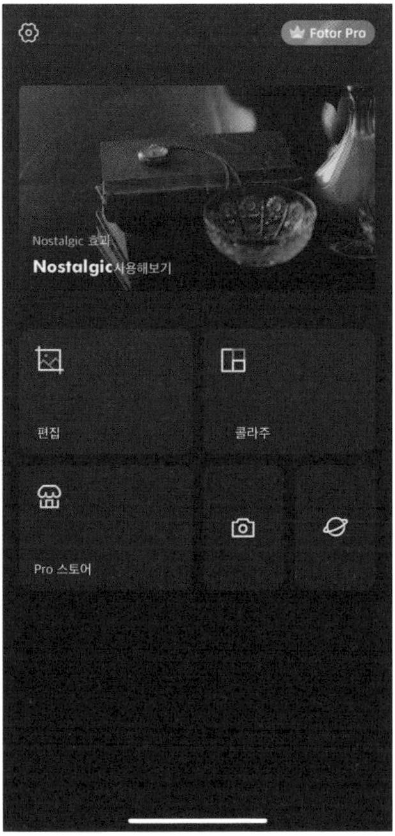

▶ The Grid(더 그리드)

사진을 인스타그램에 올린 후 프로필 페이지의 그리드에 어떻게 표시되는지를 시뮬레이션해 볼 수 있는 앱입니다. 게시물 등록 후 프로필 그리드의 통일감을 확인하고 싶거나 여러 장의 사진을 붙여서 한 장처럼 보여주고 싶을 때도 편리하게 사용할 수 있습니다.

The Grid(더 그리드)

프로필 표시 시뮬레이션하기

여기서 소개한 것들 외에도 편리한 툴이 많이 있으니 목적이나 취향에 맞는 툴을 찾아보기를 바랍니다. 인스타그램 판촉은 장기적인 관점에서 끌고 나가야 하기 때문에 즐겁게 계속할 방법을 모색해 나가도록 합시다.

Point!

- ☑ 사용하기 편리한 툴이 있다면 마음껏 사용해봅시다.
- ☑ 나에게 맞는 쉬운 운영 방법을 찾아봅니다.

Chapter 3

목적을 정하여 효과적으로 운영하자

계정이 생성되었으면 게시물을 올리기 전에 목표나 타겟이 되는 고객 이미지를 명확하게 설정하도록 합니다. 처음부터 방침을 정해두면 어떤 게시물을 등록할지 생각하는 데 도움이 될 뿐 아니라 장기적으로 방향성이 흔들리지 않게 계정을 유지할 수 있습니다.

Chapter 3 01 계정을 운영하려는 목표를 설정하자

계정 준비가 완료되었으면 인스타그램 게시물을 발신하려는 목표를 설정합니다. 처음부터 목적지를 정해두면 게시물의 내용을 일관성 있게 유지할 수 있으며 중간중간에 방향성이 맞는지 확인하면서 앞으로 나아갈 수 있습니다.

최종 목표 설정하기

먼저 인스타그램 게시물 발신을 통해 어떤 효과를 기대하는지를 명확하게 해 둡니다. 대부분이 '브랜드 매력 홍보와 매출 증대'가 최종 목표이겠지만 그것이 '기존 고객 1명당 구매 수 증대'와 '기존과 다른 계층의 고객 유입'이라면 발신하는 내용이나 접근 방식이 달라집니다.

처음부터 큰 목표를 설정한 후 목표에서부터 역산하면서 이정표를 놓아나간다면 생각을 정리하기 쉽습니다. 최종 목표로써 '매출 증대'를 들었다면 이를 달성하기 위해서 '브랜드 인지도 향상'이 필요하고, 이를 위해 인스타그램에서 '브랜드에 대한 언급을 늘려야'하고, 이를 위해 '팔로워 수를 증가'시켜야 하고, 이를 위해 '게시물의 도달률을 증가'시키고…… 이렇게 잘게 나누어 나갑니다. '매출 증대'처럼 큰 목표만으로는 최종 목적지가 너무 멀어서 어느 정도의 기간 동안 무엇을 하면 좋을지 감을 잡을 수 없습니다. 그렇기 때문에 구체적인 행동이나 숫자를 가늠할 수 있을 때까지 세분화해 나가도록 합니다.

먼저 최종 목표를 세운 후 역산하여 생각하기

매출 증대
- 브랜드 인지도 향상
  - 브랜드 언급 늘리기
    - 팔로워 수 늘리기
      - 게시물 도달률 증가
        - 게시물 수 늘리기

구체적인 수치나 기간 정하기

최종 목표와 눈앞의 목표까지 모두 갖추어졌다면 이번에는 '3개월 이내에 팔로워 수 50명 늘리기', '주 3회, 월 12회 이상 게시물 올리기' 등 가능한 한 구체적인 수치 목표를 설정하도록 합니다.

수치나 기간을 목표로 설정하기

10월까지 전자상거래 매출 10% 늘리기
- 인스타그램을 통해서 전자상거래 사이트로 유입되는 수 ○○% 늘리기
  - 팔로워 수 ○○배 늘리기
    - 1 게시물 당 도달률 ○○배 늘리기
      - 게시물 수 늘리기
        (게시물 업로드를 주 2회에서 주 3회로 변경)

…………………

구체적인 목표가 정해져 있으면 앞으로 얼마나 더 행동하면 달성할 수 있을지, 운영의 방향성은 맞는지 등을 체크하기 쉽습니다.

숫자를 보면서 운영계획 조정하기

게시물 : 주 2회 도달률 : 월 200	➡	게시물: 주 3회 도달률: 월 300 ?

목표 설정이 어렵다면 일단 계정 운용부터 해보기

계정을 운영한 지 얼마 안 된 시기에는

'어떤 지표를 설정해야 할지 모르겠다'

'지표에 대해 어느 정도의 수치를 목표로 설정해야 할지 모르겠다'

와 같은 때도 있을 것입니다. 그럴 때는 먼저 몇 주 동안 실제로 게시물을 등록해보고 사람들의 반응을 보면서 현실감 있는 목표를 설정해 나가기를 추천합니다.

또한 한 번 설정한 행동 목표나 수치 목표는 중간에 수정해도 괜찮습니다. 운영을 계속하면서 '이 수치는 너무 커서 현실적이지 않다', '게시물을 주 2회 올리는 건 너무 적은 것 같으니 3회로 늘려보자' 등, 실제로 해보고 비로소 알 수 있는 것들도 있으니 상황을 봐 가면서 유연성 있게 정해 나가도록 합니다.

Point!

- ☑ 큰 목표를 세우고 거기서 역산해 나갑니다.
- ☑ 구체적인 행동 목표와 수치 목표를 정합니다.
- ☑ 목표를 정하기 어려울 때는 일단 운영부터 해 봅니다.
- ☑ 목표는 실제로 운영하면서 유연성 있게 바꾸어 나갑니다.

Chapter 3
02
메인 타겟은 어떤 사람인가? 고객을 더 깊이 이해하기

운영 목적이나 목표가 정해졌으면 이번에는 '누구를 대상으로 발신할 것인가'를 떠올려 보세요. 실제 고객에 대한 이해를 통해 발신할 콘텐츠의 내용이나 전달 방법도 달라집니다.

실제 고객을 의식하여 발신한다

상품 개발이나 정보 발신을 할 때는 상품이나 정보를 전달할 상대방을 의식하여 그 사람의 수요를 충족시키려면 어떻게 할 것인지를 생각합니다.

전달할 상대가 달라진다면 필요한 정보나 전달 방법 또한 달라집니다. 누구를 상대로 쓰는지 모른 채 편지를 쓰기란 어렵지만, '같은 회사 M선배 앞'과 같이 편지 쓸 대상이 정해져 있다면 '이런 걸 궁금해하지 않을까?', '이런 식으로 말하면 좋아하겠지?' 등 아이디어나 전달 방법이 떠오르지요. 이처럼 인스타그램에서도 상대방을 의식해서 발신하는 내용이나 말투, 디자인 등을 생각한다면 '사람들 마음에 확 꽂히는' 콘텐츠가 될 수 있습니다.

'모든 사람'이 아닌 '특정 개인'을 대상으로 발신한다

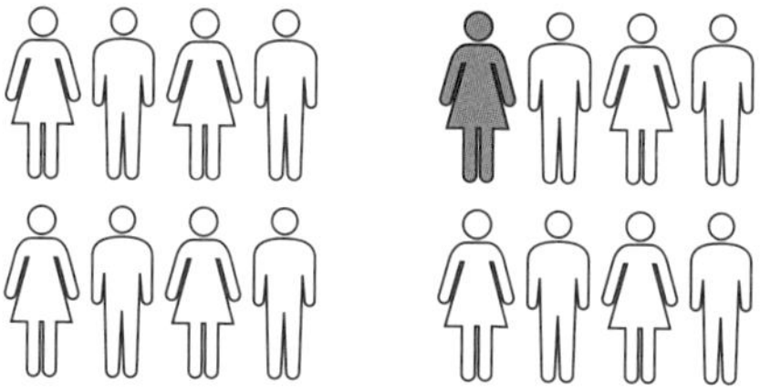

고객에 대해 알 수 있는 방법으로는 점포에서의 접객 행위나 설문조사 등 다양한 것들이 있는데 인스타그램 상에서 할 수 있는 것은 자사 상품명이나 같은 카테고리의 해시태그, @ 멘션 등을 한 사용자가 어떤 사람이고, 인스타그램에서 어떠한 행동을 하고 있는지를 자세히 관찰하는 것입니다.

아래의 예와 같은 것들을 포인트로 삼으면 좋습니다.

- **프로필이나 게시물 내용을 통해 어떤 사람인지 추측합니다.**
- **과거에 올린 게시물 내용을 통해 라이프스타일을 알아봅니다.**
- **인스타그램을 얼마나 활발하게 사용하고 있는지 살펴봅니다.**
- **팔로잉/팔로워 정보를 확인하면서 어떤 사람에게 관심을 가지고 팔로잉하고 있는지, 어떤 사람들과 관계를 맺고 있는지 이해합니다.**

UGC 게시물을 올려 준(혹은 올려 줄 것 같은) 사용자를 발견했다면, 한 사람 한 사람 자세히 관찰하여 고객 이미지를 최대한 정확하게 이해하도록 합니다. '가족을 대상으로 하는 상품이니 아이들도 같이 쓸 수 있는 안전성을 어필한다', '성인 대상 브랜드이기 때문에 고급스러운 느낌이 전해지는 사진을 게시한다' 등, 어떤 내용의 게시물을 올릴지, 상품을 어떻게 보여줄지에 대한 지침이 되기도 하고 의외의 구매층이나 기업이 예측하지 못했던 이용 상황을 발견하기도 합니다. 팀에서 계정을 운영하는 경우에도 팀 구성원 전체가 고객 이미지를 잘 공유하고 있으면 게시물 발신 대상에 대해 공통된 인식을 가지고 운영해 나갈 수 있습니다.

+1 플러스 원

페르소나 설정조건

팀에서 고객 이미지를 공유하기 위해 가상의 고객 프로필을 작성하는 '페르소나 설정'이라는 수법을 쓰기도 합니다. '어떤 사람에게 정보를 전달할지'를 명확히 함으로써 팀 구성원 간에 고객 이미지에 대한 인식 차이가 생기지 않도록 합니다. 연령이나 성별, 이름, 거주지, 라이프스타일의 특징, 가치관, 가족 구성 등 고객 이미지를 명확히 하기 위해 필요한 항목을 설정해보기 바랍니다.

페르소나 설정 사례

이름 | 최선영
성별 | 여성
연령 | 만 26세
직업 | Web 제작회사
월수입 | 약 250만 원
거주지 | 경기도 용인시
가족 | 독거, 독신
취미 | 러닝
고민 | 건조한 머리결

Point!

- ☑ 고객에 대해 이해합니다.
- ☑ 전달할 상대를 가정하여 게시물을 작성합니다.
- ☑ 고객 이미지는 운영의 지침으로써 모든 관계자가 함께 공유합니다.

Chapter 3

03 상품을 어떻게 보여줄지 결정하는 '브랜딩' 방향성

우리 회사의 상품이나 브랜드를 고객이 어떤 카테고리에서 어떤 타이밍에 떠올리게 할지 설정합니다. 이 브랜딩 방침에 따라 인스타그램에 게시할 콘텐츠의 내용이 결정됩니다.

자사 상품을 가장 먼저 떠올릴 수 있게 한다

고객에게 상품이 선택받기 위해서는 '구할 수 있는가/없는가', '존재를 알고 있는가/없는가', '특징을 알고 있는가/없는가', '가지고 싶은가/필요 없는가' 등 클리어해야 할 몇 가지 조건이 있습니다. 그러기 위해서는 우리 회사의 상품이나 브랜드가 다양한 상황에서 고객 머릿속에 가장 먼저 떠오르는 존재가 되어야 합니다. 예를 들어 고객이 '저렴한 헤어 관리 용품을 사고 싶다'라고 생각했을 때, 여러 제품 중 우리 회사 브랜드를 제일 먼저 떠올린다면 그것이 구매로 이어질 가능성이 커집니다. 고객 머릿속의 '저렴한 헤어 관리 용품'이라는 서랍 안에서 꺼내 보기 쉬운 위치에 자사 브랜드가 오게 하려면 브랜딩의 방향성을 정하고 그 방침에 따라서 인스타그램을 활용합니다.

여러 선택지 중 가장 먼저 떠올릴 수 있게 하기

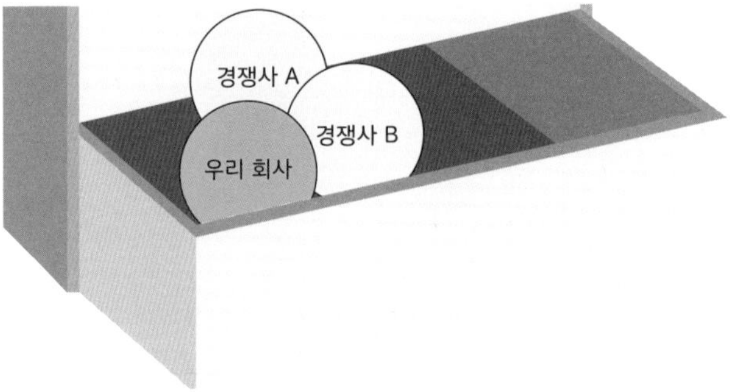

고객에게 선택받는 조건

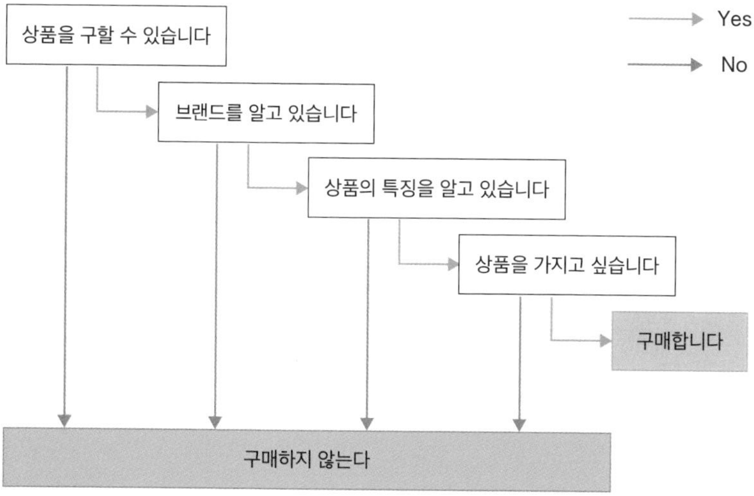

브랜딩을 생각하는 방법

다양한 타이밍에서 선택받는 브랜드가 되려면,

① **자사 상품과 관련된 수많은 카테고리의 서랍에 들어갑니다.**

② **각 카테고리별 서랍 속에서 꺼내기 쉬운 위치에 놓습니다.**

이렇게 두 가지 단계가 있습니다.

▶ 상품과 관련된 서랍 늘리기

먼저, '저렴한 헤어 관리 용품을 살 땐 ○○'와 같이, 자사 제품을 '◇◇라면 ○○'라고 연상할 수 있는 관점을 늘려 나갑니다.

아래에서 그 관점을 생각할 때 힌트가 될 만한 사례를 몇 가지 제시하였으니 참고해보기 바랍니다.

상품을 연상할 수 있는 관점

- 상품을 사용하는 목적
  예: 친구나 지인에게 가벼운 사례나 축하를 표시
- 사용할 장면
  예: 휴일 점심
- 누구와 쓸 것인가
  예: 가족과 함께 식사 즐길 때
- 어떤 요리로 사용할 것인가
  예: BBQ로 먹는 식재료
- 무엇과 곁들일 것인가
  예: 맥주와 어울리는 가벼운

Memo

고객에 대해 정확하게 파악되어 있을수록 적절한 서랍을 찾기 쉽습니다. 같은 소시지이더라도 고객이 '아웃도어를 좋아하는' 경우라면 BBQ처럼 야외에서 먹는 장면, '휴일에 정성이 깃든 요리를 즐기는' 편이라면 테이블웨어까지 신경을 쓴 안정감 있는 식탁 장면을 보여주는 등 인스타그램에서 추구하는 콘텐츠의 관점이 달라집니다.

▶ 서랍 속 꺼내기 쉬운 곳으로 상품을 가지고 온다

상품과 관련지을 서랍이 정해졌다면 이번에는 고객이 서랍을 열었을 때 바로 찾을 수 있는 위치를 찾아봅니다. 어떤 카테고리 내에서 가장 먼저 떠오르는 존재가 된다면 그것이 구매로 이어질 가능성이 쑥 올라갑니다.

그러기 위해서는 고객이 생활 속에서 상품을 떠올릴 고리 역할을 할 만한 콘텐츠가 효과적입니다. 예를 들면 평소 사용하는 소시지를 'BBQ 식재료'라는 관점으로 내놓을 경우, BBQ 상황으로 사진이나 동영상을 제작하거나 밖에서도 간단히 만들 수 있는 레시피를 소개하는 등의 방법을 생각할 수 있습니다. BBQ 상황에서의 UGC를 늘리기 위해 BBQ를 주제로 한 게시물을 기획하거나, BBQ 관련 UGC를 골라 스토리에 리포스팅하는 등 목표로 삼은 카테고리에 중점을 두고서 커뮤니케이션하는 것도 좋습니다.

'사용자가 생활하는 가운데 상품이나 브랜드를 떠올릴 타이밍이나 카테고리를 명확히 하여 그 카테고리와 브랜드의 관련성을 강화한다'라는 마음으로 인스타그램 게시물 내용과 사용자들과의 커뮤니케이션 방법으로 적용시켜 나가도록 합니다.

Point!

- ☑ 브랜딩으로 상품이 선택받을 기회 늘리기
- ☑ 고객이 상품을 연상할 '서랍' 늘리기
- ☑ 여러 후보 중에서 우리 회사 상품을 선택하게 만드는 방법 생각하기
- ☑ 고객이 생활 속에서 상품을 떠올리게 할 고리 만들기

Chapter 3

04 게시할 내용과 빈도 정하기

지금까지 결정한 계정의 운영 목표, 타깃이 되는 사용자, 브랜딩의 관점을 고려하여 실제로 게시물을 어떻게 올려 나갈지를 정리해 봅니다.

사전에 등록할 게시물의 내용이나 일정을 정해두면 올릴 게시물에 대해 당일날 급하게 고민하지 않아도 됩니다. 미리 준비한 게시물은 크리에이터 스튜디오(p.62)로 예약을 걸어두면 잊지 않고 게시물을 등록할 수 있습니다.

메인으로 전할 정보는 무엇인가

계정의 목표, 타깃 층, 브랜딩 방향성을 힌트로 하여 주로 어떤 정보를 발신할지 정해둡니다.

예를 들어 새로운 고객을 확보하고자 할 경우, UGC 등을 통해 타깃을 더 깊이 이해하고, 그것을 바탕으로 전할 내용이나 보여주는 방식을 정해 나갑니다.

고객의 구매 검토 정도에 따라 콘텐츠 고민하기

- 상품이나 브랜드의 존재를 모릅니다.
  →상품에 관한 정보성 자료를 발신합니다.

- 경쟁사 제품과 비교하며 고민 중입니다.
  →타사 제품과의 차이, 자사 제품만의 특별한 점을 보여줍니다.

- 어떤 상품을 살지 고민 중입니다.
  →자사 상품의 여러 라인업 중 목적별 선택 방법을 알려줍니다.

브랜딩 방침을 통해 검토하기

- 가벼운 술안주로써
  →5분이면 만들 수 있는 간단한 레시피를 소개합니다.

- 도시락 재료로써
  →상품에 알맞는 반찬이나 데코레이션 아이디어를 소개합니다.

- 열심히 한 날의 포상 차원에서
  →사진에 나올 그릇이나 테이블웨어에도 신경을 써서 고급스러운 느낌이나 품격있는 시간을 연출합니다.

같은 상품일지라도 어떤 부분을 보여줄지, 누구에게 보여줄지에 따라 게시물 작성 방법은 다양합니다. 고객의 상황이나 브랜딩 방침 등으로 관점을 생각하다 보면 적절한 포스팅 아이디어를 만들어내기 쉽습니다.

팔로워에게 제공하는 가치 생각하기

'팔로워에게 제공하는 가치가 무엇인가'라는 관점도 게시물을 작성할 때의 힌트가 됩니다. 계정 프로필 작성 부분에서도 다루었듯이(p.32), '계정을 통해 어떤 가치를 팔로워에게 제공하는지'를 명확히 하고, 그 가치를 제공할 수 있는 콘텐츠를 일관성 있게 발신할 수 있도록 신경 써야 합니다.

예를 들면 기존 고객에게 있어서

- **신상품이나 기간 한정 상품에 관한 정보를 빠르게 얻을 수 있습니다.**
- **상품이 카테고리나 목적별로 잘 정리되어 있어 자신에게 딱 맞는 상품을 찾을 수 있습니다.**
- **온라인 쿠폰을 받을 수 있습니다.**

와 같은 것들은 큰 가치가 될 수 있습니다.

상품의 카테고리가 여러 개 있는 경우, '가이드 기능'을 사용해 프로필에 묶어서 작성하여 사용자들이 상품을 찾아보기 쉽게 하는 방법도 추천합니다

가이드 기능

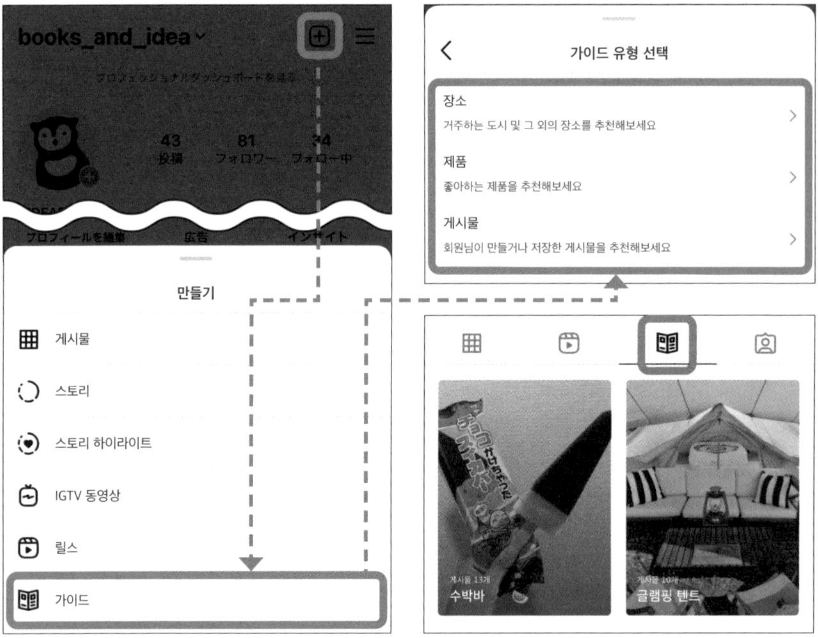

가이드 기능은 2020년에 추가된 새로운 기능으로, '장소', '제품', '게시물'의 3가지를 중심으로 묶을 수가 있습니다. 브랜드별, 지역별, 사용 상황별, 사용자의 고민 등을 관점으로 정보를 정리해 두어, 프로필을 방문한 사용자들이 원하는 정보에 바로 다가갈 수 있도록 해 둡니다. 작성한 가이드는 스토리에 공유할 수 있습니다.

또 기존 고객뿐 아니라 아직 브랜드에 대해 인지하지 못하는 잠재 고객층을 대상으로 발신할 경우,

- **요즘 유행하는 코디 정보**
- **간단하고 맛있는 레시피 정보**

등, 상품이나 브랜드 관련 장르의 정보성 콘텐츠를 통해 정보를 얻을 수 있는 것 또한 가치가 될 수 있습니다.

상품과 관련된 정보성 콘텐츠를 제공한다

내가 보내고 싶은 정보를 일방적으로 보내는 것이 아니라, '이 정보는 어떤 사람에게 어떤 가치를 줄 수 있을까'를 생각하면서 콘텐츠를 작성하여 사람들이 자발적으로 팔로우하고 계속해서 열람할 가치가 있는 계정으로 만들 수 있습니다.

게시물 빈도와 스케줄

게시물을 올리는 빈도 역시 중요한 포인트입니다.

게시물 수가 너무 적으면 사람들이 볼 수 있는 기회가 줄어들고, 게시물을 너무 자주 올리는 것도 팔로워들이 질려서 팔로우를 끊을 수도 있습니다.

상품 라인업 수가 얼마나 되는지, 어떤 콘텐츠를 발신할지에 따라 포스팅 빈도가 달라질 수 있습니다.

상품 라인업이 적은 브랜드라면, 하루에 몇 번씩 같은 상품의 사진을 올릴 경우 사람들이 질릴 수 있지만 레시피 등 정보성 콘텐츠라면 하루에 여러 번 게시물이 올라와도 사람들이 좋아할 수 있습니다.

또한 고객 이미지가 명확하다면 게시물을 올리는 요일이나 시간대를 생각하기도 쉽습니다. 고객 대부분이 회사원이라면 퇴근 후, 점심시간, 출퇴근 시간대를 노려볼 수 있는데, 어린아이가 있는 부모라면 아이들을 맡길 수 있는 낮 시간대에 콘텐츠를 볼 가능성이 큽니다.

인스타그램을 시작한 지 얼마 안 되어 인사이트 데이터(p.101)를 사용하지 못할 때는, 실제로 게시물을 등록하면서 팔로워들의 반응이 좋은 시간대를 직접 알아봐야 하지만, 고객 이미지를 제대로 이해하고 있으면 라이프스타일을 통해 게시물을 보기 좋은 시간대를 역산해서 생각하기도 좋습니다.

메인 고객층을 힌트로 스케줄을 만드는 예

회사원
→ 퇴근 후 시간, 점심시간, 출퇴근 시간을 공략

어린아이가 있는 부모
→ 아이들을 유치원이나 어린이집에 보낼 수 있는 낮 시간을 공략

인사이트 데이터를 볼 수 있게 되면 포스팅 빈도에 따른 도달률 변화와 팔로워 이탈률 등을 확인하면서 무리 없이 운영할 수 있는 범위에서 적절한 포스팅 빈도를 찾아 조정해 나가도록 합니다.

Point!

- ☑ 계정의 목적, 메인 고객층, 브랜딩 등으로 운영 방침을 정합니다.
- ☑ 계정을 통해 제공하는 가치가 무엇인지를 명확히 합니다.
- ☑ 게시물 내용이나 페르소나를 힌트로 삼아 게시물 등록 스케줄을 생각합니다.

Chapter 4

팔로워를 늘리는 계정 운영 방법

시간대나 해시태그를 고민하여보다 많은 사람이 게시물을 보게 하고, 팔로워와의 소통으로 친밀도를 높이는 등 결과를 이끌어내는 계정 운영 방법을 소개합니다.

Chapter 4

01 팔로워가 늘어나는 구조 이해하기

인스타그램에서 UGC가 UGC를 부르는 선순환을 낳기 위해서는 UGC 게시물을 올려줄 가능성이 높은 양질의 팔로워 기반을 만드는 것이 중요합니다. 제4장에서는 많은 사람들이 보는 계정으로 육성하기 위한 테크닉을 소개합니다. 먼저 큰 흐름부터 확인해보겠습니다.

계정 육성은 크게 2단계로 나눌 수 있는데, '**신규 도달률(게시물을 보게 하는 것) 늘리기**'와 '**팔로워와의 친밀도 올리기**'입니다.

팔로워 늘리기 작전 2단계

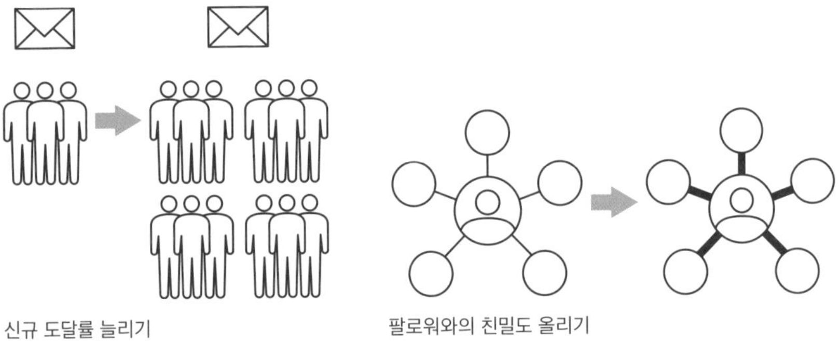

처음에는 피드나 릴스 등 팔로워 이외의 사용자들이 보기 좋은 게시물 포맷을 사용하여 신규 도달률을 올리는 데 중점을 둡니다. 어림잡아 수천 명, 팔로워가 일정 수를 넘어선 상태에서 운영 담당자의 여력이 있다면 스토리와 라이브 방송 등으로 팔로워들과 소통을 하면서 친밀도를 끌어올리도록 합니다.

① 게시물의 신규 도달률 늘리기

신규 도달률을 늘리려면 해시태그 검색 상위권이나 탐색 탭의 추천 게시물 등 팔로워 이외의 사용자들도 볼 수 있는 곳에 게시물을 노출시킬 수 있는 방법을 생각해야 합니다.

해시태그 검색 상위권이나 탐색 탭에 노출되는 추천 게시물들은 다양한 요소를 통해 복합적으로 결정되는데, 기본적으로 좋아요나 저장, 댓글 등 긍정적인 반응을 많이 얻을 때 노출될 확률이 높아집니다. 어떤 사진이나 콘텐츠, 디자인으로 하면 보다 긍정적인 반응을 많이 이끌어 낼 수 있는지, 실제로 게시물을 올려보면서 개선해 나가도록 합니다. 뿐만 아니라 많은 사용자가 게시물을 볼 수 있도록 적절한 해시태그를 적어넣는 것 또한 중요한 포인트입니다. (해시태그에 대해서는 p.95에서 소개합니다.)

이러한 개선 작업은 밑바닥부터 꾸준한 노력이 필요할 뿐 아니라 초반에는 게시물 반응이 적어 성취감을 느끼지 못할 수도 있습니다. 하지만 꾸준히 한 걸음씩 운영과 개선을 계속 반복하다 보면 신규 사용자 도달률이 조금씩 늘어나고, 그 결과 팔로워 수가 늘어나고, 게시물에 대한 참여율(engagement rate)이 늘어나고, 또다시 신규 사용자에 대한 도달률이 늘어나는 선순환이 발생하게 될 것입니다.

처음에는 일단 꾸준히 계속하기!

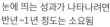

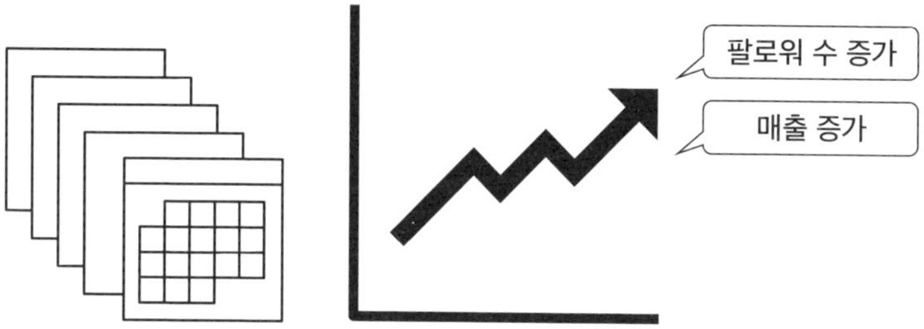

눈에 띄는 성과가 나타나려면
반년~1년 정도는 소요됨

② 팔로워와의 친밀도 올리기

운영을 계속하면서 팔로워 수가 어느 정도 증가했다면, 팔로워와 관계를 깊이 다져 나가는 것이 포인트입니다. 인스타그램에서는 메시지를 주고받는 등 교류가 있는 상대의 게시물이 우선적으로 위쪽에 노출되기 때문에 스토리나 라이브를 활용해 팔로워와 교류하면서 친밀도를 높여 나가도록 합니다. 친밀도를 끌어올리기 위한 구체적인 방법은 제6장에서 설명합니다.

▶ 게시물 노출 순서를 결정하는 3요소

인스타그램에서의 노출 순서를 결정하는 요소는 다음 3가지입니다.

① Interest(흥미·관심)

계정이나 게시물 내용에 관한 관심 정도를 추측하여 '관심이 많다'고 보여지는 콘텐츠를 우선적으로 표시합니다. 예를 들어 평소 캠핑에 관한 게시물을 자주 보는 사람이라면 탐색 탭에 캠핑 관련 게시물이 상위에 오게 됩니다.

② Relationship(친밀도)

팔로잉, 팔로워 간 친밀도를 계산하여, 조금 더 관계가 깊은 사용자의 게시물을 상위에 표시합니다. 'A씨는 B씨보다도 C씨와의 교류 빈도가 높으니 A씨의 타임라인에는 C씨의 게시물을 우선적으로 노출시켜야겠다'하고 판정하는 것입니다.

③ Timeliness(신선도)

신선한 콘텐츠가 우선적으로 노출됩니다. 다른 요소들도 관련되어 있기 때문에 완전히 시계열이라고 볼 수는 없지만 3일 전의 게시물보다는 3분 전의 게시물이 상위에 노출되기 쉽습니다.

게시물 노출 순서를 결정하는 3요소

팔로워와의 관계가 깊을수록 피드 등 타임라인에 노출되는 게시물은 위쪽에 스토리는 왼쪽에 표시되는 구조입니다. 우선적으로 노출되는 만큼 보기 쉬운 위치에 오기 때문에 게시물을 볼 확률이 더 올라가게 됩니다.

▶ 팔로워와의 친밀도를 올려 신규 도달률 늘리기

팔로워와의 친밀도가 올라가면 팔로워에 대한 도달률이 올라가고 그에 따라 좋아요나 저장과 같은 긍정적인 반응도 증가합니다. 그 결과 해시태그 검색 상위나 탐색 탭의 추천 게시물에 표시될 확률도 높아지고 신규 사용자에 대한 도달률도 늘어납니다. 그렇게 되면 팔로워 이외의 사용자가 새로 팔로우할 가능성도 커져, 팔로워가 증가합니다. 팔로워가 늘면 게시물에 대한 반응도 증가하기 때문에 신규 사용자에게 도달할 기회도 증가한다는 선순환이 발생합니다.

팔로워가 증가하는 흐름

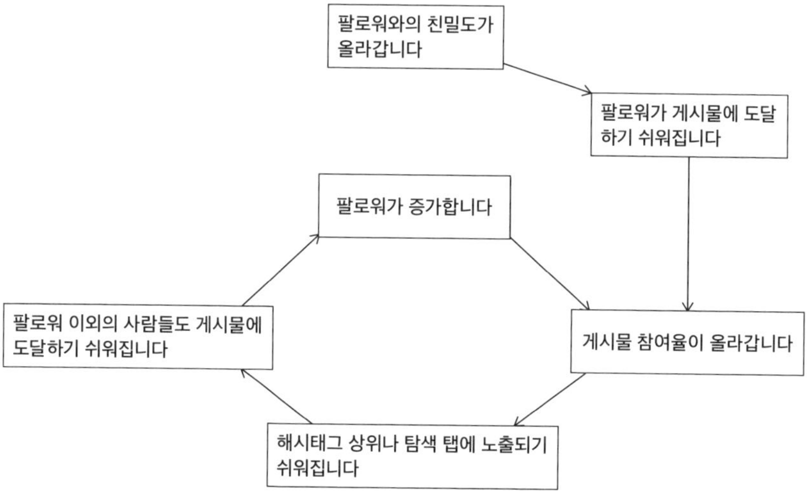

Memo

게시물에 대한 반응 수는 해시태그 검색이나 탐색 탭에서의 노출 순서를 결정하는 요소 중 일부분입니다. 해시태그 검색 공략은 p.95를 참고하기 바랍니다.

팔로워와의 소통을 중요시할 것

운영 초기에 팔로워가 많지 않은 단계에서는 팔로워와의 커뮤니케이션 방책의 임팩트가 크지 않습니다. 하지만 팔로워가 증가하기 시작하면 팔로워와의 관계성의 크기가 큰 차이로 나타나게 됩니다.

예를 들어 '지금까지는 게시물을 올려도 팔로워 1만 명 중 10%인 1,000명에게만 전달되던 것이, 친밀도가 높아지면서 50%인 5,000명에게 전달되게 되는' 일이 생길 수 있는 것입니다.

인스타그램의 알고리즘이 어떻다느니 하는 이야기보다, 순수하게 고객 한 명 한 명과 좋은 관계를 만들어나간다는 마음으로 매일매일 계속 운영해 나가는 것이 중요합니다.

+1 \\ 플러스 원 //

피드와 릴스를 우선적으로 올리자

인스타그램 게시물 중에서도 스토리와 라이브는 새로운 팔로워를 끌어들이기보다는 기존 팔로워와의 소통에 강한 기능입니다.

반면 피드나 릴스는 팔로워 이외에도 볼 수 있는 게시 방법입니다. 신규 사용자를 끌어들여 계정을 성장시키려는 목적에 있어서는 피드나 릴스를 중심으로 게시물을 올리기를 추천합니다.

Point!

- ☑ 게시물을 계속 쌓아 올려서 계정을 키웁니다.
- ☑ 팔로워 수뿐 아니라 관계성도 의식합니다.
- ☑ 처음에는 무조건 계속해 나가는 수밖에 없습니다!

Chapter 4

02 팔로워를 늘리는 운영 테크닉① 가장 적절한 게시물 업로드 빈도는?

계정 운영에 있어서 '자신의 계정이 너무 자주 업로드되는지, 혹은 너무 적은지, 그 적절한 빈도를 잘 모르겠다'라는 사람들도 많을 것입니다. 이번에는 적절한 게시물 업로드 빈도와 갱신페이스를 유지하는 방법을 소개합니다.

될 수 있으면 하루 1회, 못해도 주 2회는 갱신할 것

취급하는 상품의 종류에 따라 다르긴 하지만, 기본적으로는 매일 갱신하는 것이 바람직합니다. 단순히 생각하면 업로드하는 만큼 사람들에게 노출되는 기회도 많아지고, 지금 활동 중인 계정임을 알 수 있습니다. 또 p.88에서 언급한 것처럼 인스타그램에서는 새로운 게시물이 우선적으로 표시되기 때문에 자주 갱신해서 우선 표시되기 쉬운 게시물을 안정적으로 공급할 수 있으면 효과적입니다.

그렇다고는 하나 '취급하는 상품의 종류가 적어 게시물의 다양화가 어렵다', '통상 업무 중 짬을 내서 갱신하는 것이다 보니 거기까지 신경을 쓸 수 없다'라는 경우도 많을 것입니다. 계정을 키우고 싶어도 매일 운영하기가 어려울 경우 '주 2회 갱신'과 같이 목표를 설정하는 것도 좋습니다. 또 취급하는 상품이 다양하거나 도움이 되는 정보성 소재가 충분하다면 하루에 3번 정도로 빈도를 올려도 팔로워들이 질려 하지 않으며 계정 전체의 도달률도 늘어나기 쉽습니다.

인스타그램 게시물은 프로필에 축적되어 기업 또는 브랜드의 이미지나 세계관을 전달하는 것이기 때문에 퀄리티도 중요합니다. 갱신 빈도를 올려보겠다고 퀄리티가 떨어진다면 주객이 전도되기 때문에 균형을 잘 잡으면서 운영해 나가도록 합니다.

Memo

같은 장르의 상품을 취급하는 경쟁사의 계정이나 자신이 좋아하는 계정이 있다면 어떻게 운영하고 있는지 관찰해봅시다. 게시물 업로드 빈도와 내용, 사용하는 해시태그 등 참고할만한 요소를 찾을 수 있을 것입니다.

툴을 사용하여 잊지 않고 갱신하기

안정적인 페이스로 게시물을 발신하기 위해, 사전에 몇 주 사람의 게시물을 작성한 후 예약 게시 툴인 '크리에이터 스튜디오'(p.62)에 세팅해 둡니다. 잊지 않고 게시물을 갱신할 수 있고, 야간이나 휴일에 작업하지 않아도 됩니다.

혼자 운영하는 경우라면 크리에이터 스튜디오의 예약 게시 화면에서 직접 작성해도 되고, 여러 사람들이 팀으로 운영하는 경우라면 아래와 같이 게시물 관리 시트를 작성해 정보를 공유하는 것도 방법입니다.

게시물 업로드 일정을 스프레드 시트로 공유

No.	상태	게시일	이미지	캡션	해시태그	해시태그 수	추가가능한 해시태그 수
1	게시 완료	2020-07-01		시내 어딘가에 숨어있는 회원제 바 '다크소셜클럽' 바의 간판을 스티커로 만들어 보았습니다.	#nton #엔투엔 #다크호설클럽 #darksocialclub #스티커 #씰 #로고스티커 #로고씰	8	22
2	예약 완료	2020-07-02		네온 풍 세도우밴 로고를 넣은 블랙 T셔츠. 등에는 NtoN 로고가 원포인트.	#nton #엔투엔 #셔츠프린트 #셔츠광팬 #오피스캐주얼코디 #오피스패션 #셔츠판매 #반팔셔츠 #셔츠를사랑하는사람맞팔 #셔츠어레인지 #반팔코디	25	5
3	미게시	2020-07-03		UGC 로고를 넣은 머그컵. 블랙, 오렌지 두 색. 바 간판을 스티커로 만들었습니다.	#nton #엔투엔 #ugc #머그컵 #머그컵콜렉터 #머그컵콜렉션 #커피머그 #nton	10	20

Memo

게시물 관리 시트에는 상태(게시 완료, 예약 완료 등), 게시일, 이미지, 캡션이나 해시태그 등 항목을 넣어두면 알기 쉽습니다.

Point!

- ☑ 매일 업로드하는 것이 가장 좋습니다.
- ☑ 그게 어렵다면 주 2회 갱신을 목표로 할 것입니다.
- ☑ 게시물은 한 번에 모아서 작성하고 예약 업로드 툴에 세팅할 것입니다.

Chapter 4
03

팔로워를 늘리는 운영 테크닉②
몇 시에 게시물을 올리는 것이 효과적일까?

같은 게시물이라도 인스타그램을 보고 있는 사용자들이 많은 시간대에 올리면 도달률이 늘기 쉽고 해시태그 상위나 탐색 탭의 추천 게시물에 노출될 확률이 올라갑니다. 작성한 게시물을 보다 많은 사람이 볼 수 있도록 게시물 업로드 시간에 대해 생각해보겠습니다.

고민될 때는 밤 9시에

▶ 인스타그램을 보는 사람이 많은 타이밍 공략하기

일반적으로 인스타그램 사용자들이 가장 많이 활동하는 시간대는 밤 9시입니다. 많은 사람이 인스타그램을 보는 시간은 회사나 학교에서 돌아와 저녁을 먹고 잠들기 전에 잠시 쉬는 시간……과 같은 타이밍입니다.

상품을 사고 싶어지는 타이밍(음식점이라면 런치타임, 화장품 등이라면 아침과 저녁 피부를 케어하는 시간 등)이나 생활 리듬은 대상 고객층이 누구냐에 따라 다양하지만, 편안하게 SNS를 열어보는 시간대는 남녀노소를 막론하고 대체로 비슷하기 때문에 올리는 시간이 고민이 된다면 활동적인 사용자들이 많은 밤 9시부터 시도해 봅니다.

Memo

그 밖에 활동적인 사용자가 많은 시간대로는 12시 점심시간이나 아침저녁 출퇴근 시간대, 퇴근 직후인 저녁 6시…… 등이 있습니다. 시간이 조금씩 엇갈리도록 게시물을 올려보면서 반응을 비교해보는 것도 좋습니다.

▶ 팔로워가 100명 이상인 경우 '인사이트'를 확인

비즈니스 계정으로 팔로워가 100명 이상이 되면 프로필의 [인사이트]→[팬(오디언스)]에서 팔로워 내역을 볼 수 있습니다. 요일별 3시간 간격으로 활동적인 사용자 수를 확인할 수 있습니다.

인사이트에서 팔로워의 활동 시간대를 볼 수 있다

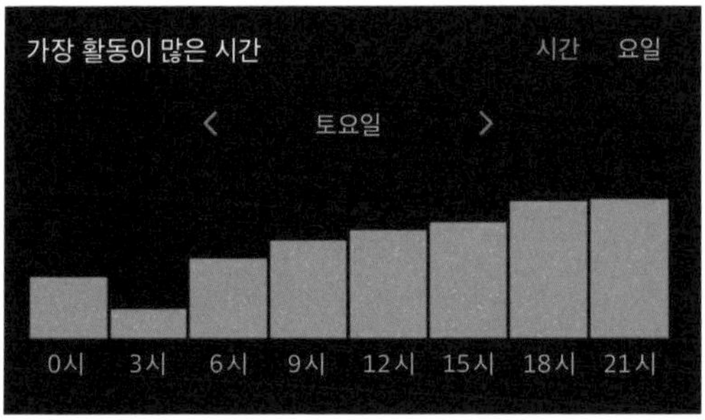

인사이트를 이용할 수 있다면 활동적인 팔로워가 많은 시간대를 겨냥해 게시물을 올립니다.

게시물 내용에 따라 일시 조정하기

상품의 종류를 막론하고 인스타그램에 사람들이 가장 많이 모이는 밤 9시를 공략하는 것이 정석이지만 게시물의 내용에 따라서는 다른 타이밍을 공략하는 것이 효과적일 때도 있습니다. 예를 들어 아침 식사 레시피를 올리는 경우, 전날 저녁이나 이른 아침 등 아침 식사 준비를 하기 전 시간대를 겨냥해 게시물을 올리면 '한 번 만들어 볼까'하고 게시물을 저장하기 좋습니다. 손쉽게 만들 수 있는 안주 레시피는 평일 저녁에, 정성이 깃든 요리는 주말에 업로드하는 등 사람들의 생활을 의식해서 게시물을 올릴 타이밍을 정하면 반응을 얻기 쉽습니다.

▶ 과거 게시물 데이터를 통해 분석하기

게시물이 어느 정도 쌓이게 되면 과거의 게시물도 참고할 수 있습니다. 다양한 요일이나 시간대에 게시물을 올렸던 실적이 있으면 '금요일 밤 10시에 특히 반응이 많았다'와 같이 적절한 게시물 업로드 타이밍을 확인해 볼 수 있습니다.

Point!

- ☑ 활동적인 사용자가 많은 건 21시입니다.
- ☑ 팔로워가 100명 이상이면 인사이트 데이터를 참고할 수 있습니다.
- ☑ 게시물에 대한 수요가 많은 시간대를 생각해 봅니다.

Chapter 4

04 팔로워를 늘리는 운영 테크닉③ 해시태그를 마음껏 활용해보자

게시물이 해시태그 검색이나 탐색 탭 상위에 표시되면 팔로워가 아닌 사람들도 게시물을 볼 수 있고, 이들이 프로필을 방문할 기회가 됩니다. 이번에는 해시태그를 고르는 방법에 대해 알려드립니다.

관련성 높은 해시태그를 가능한 한 많이 붙이자

피드 게시물이나 릴스의 캡션 부분에는 키워드 앞단에 샵(#)을 붙인 '해시태그'를 30개까지 부여할 수 있습니다.

해시태그 검색 결과나 탐색 탭에 노출되는 등 해시태그는 팔로워 이외의 사람들이 볼 수 있는 고리 역할을 합니다. 게시물 내용과 관련성 높은 해시태그가 있다면 30개 한가득 붙이는 것이 좋습니다. 한편 관련성 낮은 해시태그를 무리하게 붙일 경우 악질적인 스팸 게시물로 인식되어 도달률이 늘지 않게 될 수도 있으니 주의해야 합니다.

캡션 부분은 접혀 있다

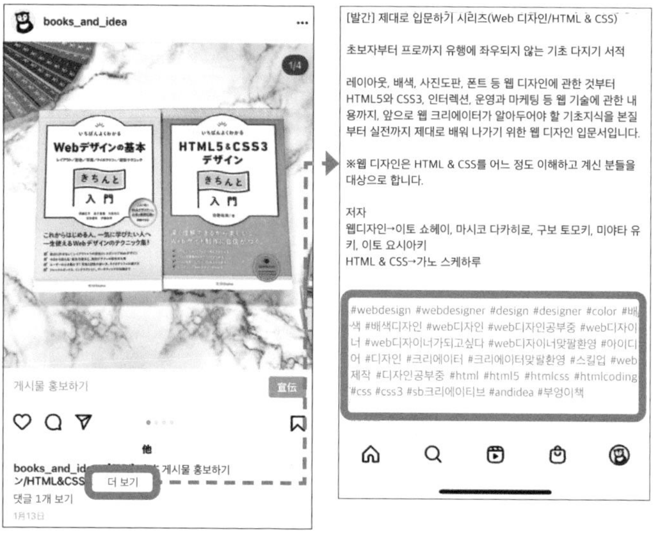

해시태그 고르는 방법

▶ 관련 해시태그와 게시물 수를 확인해 본다

해시태그 검색화면에서 키워드를 입력하면 그 해시태그를 붙인 게시물 수나 관련 키워드를 확인할 수 있습니다.

해시태그가 붙은 게시물 수와 관련 키워드를 확인한다

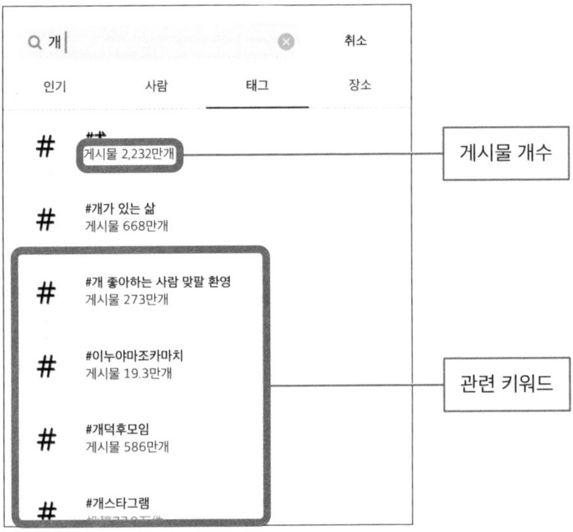

평상시에 내 계정에서 올리는 테마나 개별 게시물에 관한 키워드를 생각나는 대로 입력하여 확인해 봅니다. 쓸만한 것은 해시태그명이나 게시물 수를 스프레드 시트 등으로 정리해 두면 나중에 참고하기 쉽습니다.

쓸 만한 키워드를 리스트로 정리해 본다

해시태그	게시물 수	카테고리	관련성
#홈카페	5254000	범용	✓
#건강	1349000	범용	✓
#리프레시	995000	범용	✓
#드링크	424000	범용	✓
#음료	178000	범용	✓
#여유	112000	범용	✓
#과일칵테일	88000	게시물마다	✓
#초	72000	범용	✓

해시태그를 찾을 때는 자사 상품의 잠재 고객이 어떤 해시태그로 검색할지를 생각해 봅니다. 아래와 같이 몇 가지 관점을 준비해보면 생각해 내기 쉽습니다.

- **물건**
- **상황**
- **장소**
- **커뮤니티**

예를 들어 캠핑용품을 판매하고 있는 브랜드라면, 아래와 같은 해시태그를 생각해 볼 수 있을 것입니다.

물건	#텐트
상황	#캠프, #장작불, #나홀로캠핑
장소	#○○캠핑장
커뮤니티	#캠핑초보자, #캠핑취미

▶ 해시태그 검색의 상위 게시물에서 사용자들의 니즈를 살펴본다

해시태그는 실제로 검색해보고 어떤 게시물들이 상위에 표시되어 있는지를 확인합니다. 예를 들어 '퓨어워터'라는 제품의 게시물에서 해시태그 '#퓨어'를 쓴다면 언뜻 보기에는 문제없어 보이지만 '#퓨어'로 검색하면 어린아이들이나 동물, 아이돌 등에 관한 게시물이 상위에 나타납니다. 상위에 표시된다는 것은 그 키워드로 검색한 사용자의 의도와 일치한다는 것을 의미하기 때문에 '#퓨어'로 검색한 사용자는 어린아이들이나 동물 등의 게시물이 보고 싶어서 검색한 것이라는 걸 알 수 있습니다. 이 경우 제품명과 관련되어 있다고는 하나 '#퓨어'의 상위 게시물에 제품이 표시될 가능성은 낮아 보이며 설사 상위권에 있다 하더라도 검색한 사용자의 니즈와 일치하지 않기 때문에 호의적인 반응을 얻지 못할 것이라는 걸 예상할 수 있습니다.

또 탐색 탭의 '요즘 뜨는 화제'를 공략해보는 방법도 있습니다.

'요즘 뜨는 화제'에는 현재 트렌드가 된(게시물 수나 검색 수가 일시적으로 급증한) 해시태그가 게재되어 있습니다. 인스타그램 타임라인이나 탐색 탭은 사용자에 맞추어진 공간이지만 '요즘 뜨는 화제' 탭에서는 일본 내 모든 사용자가 같은 내용을 보고 있습니다. 그렇기 때문에 게재된 해시태그는 엄청나게 많은 사용자가 보고 있을 가능성이 높습니다.

자사 제품과 관련이 있는 해시태그가 요즘 뜨는 화제에 게재되어 있을 경우, 게시물에 해당 해시태그를 붙여서 상위권에 올릴 수만 있다면 엄청나게 많은 사람을 유입시킬 수 있습니다.

상위 게시물을 체크한다

Memo

상위 게시물을 보면 그 해시태그를 검색한 사용자들이 원하는 취향을 알 수 있습니다. 구도나 색조 등 참고할 수 있는 것들이 있다면 자신의 게시물에도 적용시켜 봅니다.

▶ 해시태그의 종류

게시물에 부여하는 해시태그로는 '일반 워딩'과 '자사 브랜드 워딩', '커뮤니티 계열의 워딩', '아무 의미 없는 워딩' 등이 있습니다.

일반 워딩은 '식기', '캠프' 등 일반적인 카테고리 명 등을 나타냅니다. 우리 회사 브랜드의 잠재적 고객들이 검색하는 일반 워딩에는 어떤 것들이 있는지 알아보고 이를 부여하여 적절한 사용자에게 도달할 수 있습니다.

자사 브랜드 워딩은 상품명이나 브랜드명을 해시태그에 넣은 것입니다. 사용자의 UGC 게시물을 활용하거나 에고서핑(자신의 계정명이나 상품명을 검색하는 것)으로 평판도 체크를 할 때 편리합니다. 또 상품에 관한 정보를 모으는 사용자들에게도 유익합니다.

커뮤니티 계열 해시태그는 대상 고객 이미지를 나타내는 경우가 많습니다. '여행취미', 'YOLO(원문: 삶을 즐기다)' 등과 같은 해시태그를 넣음으로써, 관심이 높은 커뮤니티나 집단에 게시물이 전달되게 할 수 있습니다.

마지막 '아무 의미 없는 워딩'은 덤입니다. 검색되기 쉽게 하거나, 커뮤니티로 즐기는 효과는 없으나, '#대박웃김' 등 감상이나 마음의 소리를 넣는 유희 목적의 해시태그도 존재합니다.

해시태그의 예

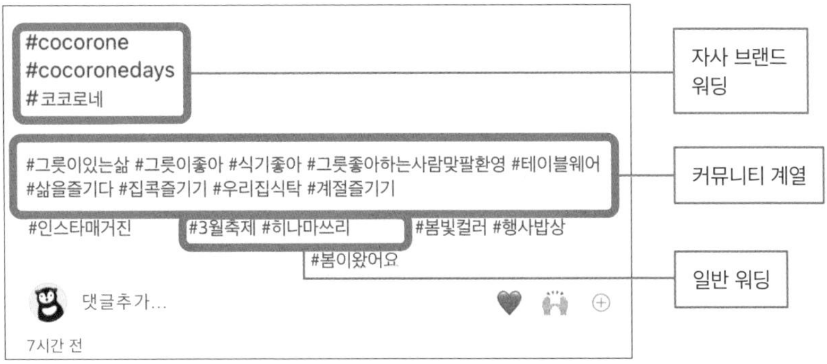

▶ 해시태그의 규모

해시태그는 종류나 게시물 수가 다른 것들을 조합해서 사용합니다. 일반 워딩이나 몇십만, 몇백만 건씩 등록된 해시태그는 검색하는 사람도 많은 반면 라이벌도 많습니다. 계정 기반이 작고 참여율이 낮은 단계라면 소규모 해시태그를 포함해서 상위에 표시될 수 있는지 검증해 봅니다.

또 게시물 건수가 많긴 하지만 '검색하기 어려운' 해시태그도 있으니 주의가 필요합니다. 예를 들어 '#○○인사람맞팔환영', '#○○녀'와 같은 해시태그는 인스타그램에서 종종 볼 수 있는 것인데, 이는 게시물을 올리는 사용자가 동질감을 느껴 즐기기 위해 사용하는 경우가 많으며 해시태그 검색으로 정보수집을 하는 사용자들에게는 수요가 많지 않습니다. 그렇다고는 하나 게시한 내용과 관련이 있다면 굳이 나쁜 영향을 주는 것은 아니니 해시태그 한도가 남아있다면 넣는 것도 나쁠 것은 없습니다.

+1 \\ 플러스 원 //

상위 표시의 조건

해시태그 검색이나 탐색 탭의 노출 순서는 게시물에 대한 참여율의 영향을 받는데, 그것 외에도 '게시물 작성자가 평상시에 어떤 게시물을 발신하고 있는지'도 관련되어 있을 가능성이 있습니다.

이는 실제로 있었던 사례인데, 어느 날 '#소시지'로 게시물을 검색했더니 해시태그 게시물 상위에 소시지와는 전혀 상관없는 괴물 캐릭터가 나타났습니다. 사진 역시 소시지는커녕 음식조차 아니었습니다. 어찌 된 일인가 싶어 프로필을 보니 이 계정은 소시지 판매자의 계정으로, 평소 '#소시지'로 소시지에 대한 게시물을 자주 올려왔던 것이었습니다. 알고리즘의 세부적인 사양은 공개되어 있지 않아 억측도 있겠지만, 평소 특정 테마에 대해 발신을 계속하다 보면 '해당 해시태그와 관련성이 높은 계정'으로 간주되어 그 테마에서 상위에 표시되기 쉬워지는 것으로 생각됩니다.

상위에 표시되길 바란다면 계정이 발신하는 내용이나 해시태그에 일관성 있는 테마를 가지게 하는 것이 포인트입니다. '의류', '식품', '인테리어' 등 취급하는 상품 장르가 다양할 경우에는 계정을 나누는 것이 좋을 때도 있습니다.

Point!

- ☑ 게시물 내용과 관련된 해시태그를 되도록 많이 붙입니다.
- ☑ 자주 사용하는 해시태그를 정리해 두면 편리합니다.
- ☑ 게시물 내용과 관련이 있는 해시태그인지를 체크합니다.
- ☑ 해시태그 검색 의도를 확인합니다.
- ☑ 해시태그는 규모나 목적이 다른 것을 조합해서 사용합니다.

Chapter 4 **05**

비즈니스 계정의 강한 아군 인사이트의 포인트 살펴보기

비즈니스 계정에서는 계정이나 게시물의 인사이트를 볼 수 있습니다. 게시물 단위로 도달률이나 사용자 동향을 확인할 수 있기 때문에 게시물 내용이나 타이밍 등을 검증하는 데 매우 큰 도움이 됩니다.

▶ 인사이트 사용법

인사이트는 인스타그램이 무료로 제공하는 해석 기능으로, 피드나 스토리 게시물에 대한 반응이나 사용자의 유입경로 등 다양한 정보를 확인할 수 있습니다. 인사이트는 계정에 관한 인사이트와 개별 게시물에 관한 인사이트의 2종류가 있습니다.

▶ 계정 단위의 인사이트

계정에 대한 인사이트는 프로필 버튼이나 메뉴에서 표시할 수 있으며, 팔로워 수 증감과 프로필 방문 수, 게시물의 도달률 등을 알 수 있습니다.

프로필에서 계정의 인사이트 표시하기

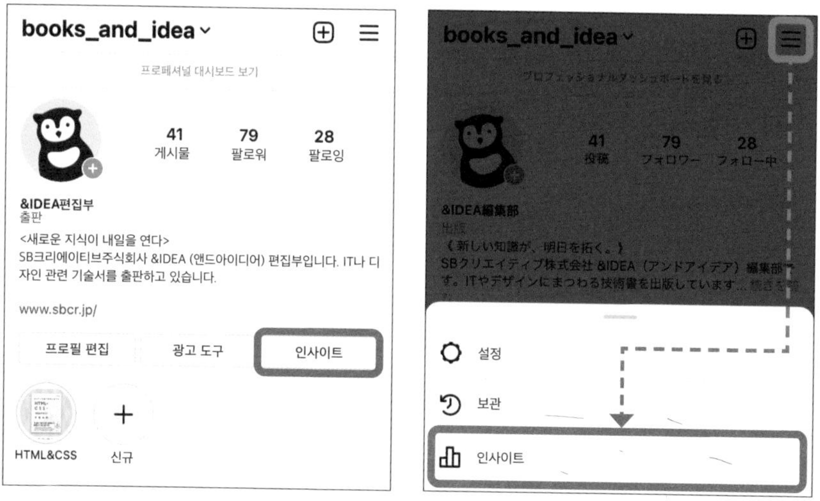

사용자의 반응과 행동을 볼 수 있다

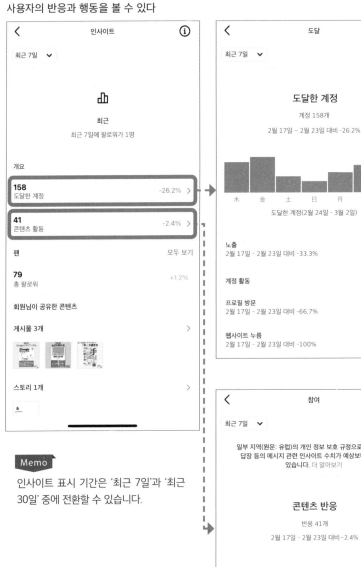

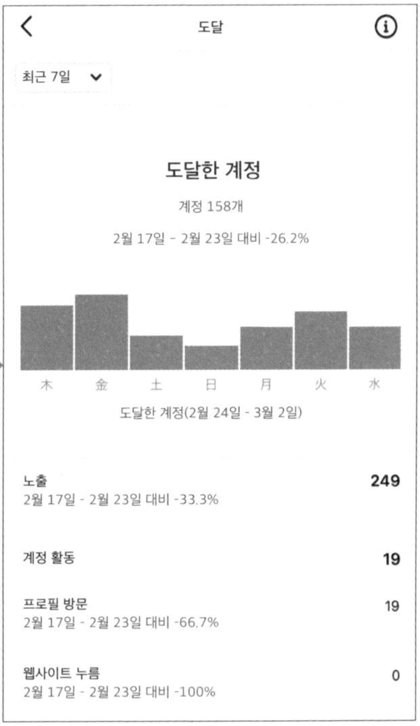

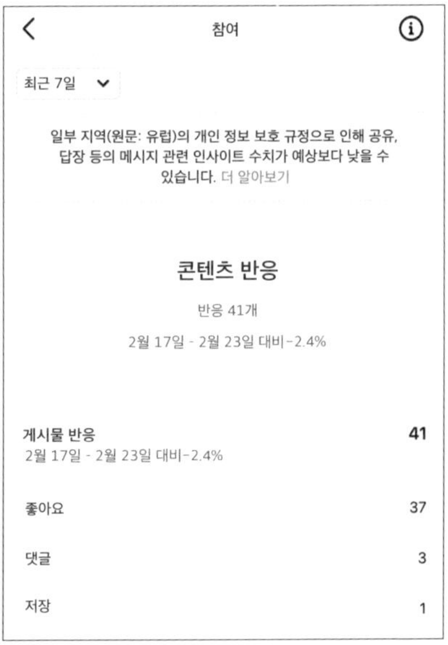

Memo

인사이트 표시 기간은 '최근 7일'과 '최근 30일' 중에 전환할 수 있습니다.

Memo

최근 7일간 도달한 계정의 그래프를 누르면 요일별 수가 표시됩니다.

'팬'에서는 팔로워의 활동 시간대나 연령, 성별 등 상세 내용을 볼 수 있습니다. 팔로워가 100명 이상이 되면 사용할 수 있습니다.

팬

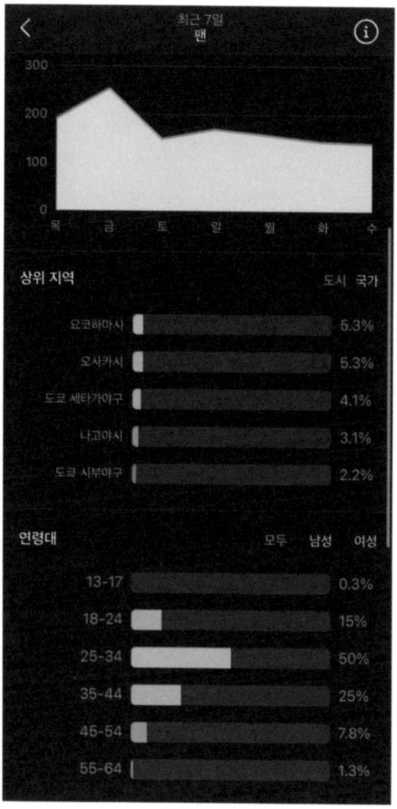

Memo

팬 기능을 사용할 수 있게 되면, 내가 의도한 사용자층이 팔로워가 되었는지를 확인할 수 있습니다. 팔로워의 속성을 확인해 보면서 게시물의 내용이나 시간대를 조정하여, 보다 더 세밀한 운영을 해 나가도록 합니다.

▶ 게시물 단위의 인사이트

인사이트는 개별 게시물 단위로도 확인할 수 있습니다. 비즈니스 계정은 등록한 사진이나 동영상 하단에 [인사이트 조회]라고 표시되어 있으며, 이것을 누르면 그 게시물에 대한 반응이나 사용자 유입경로가 표시됩니다.

게시물 단위의 인사이트

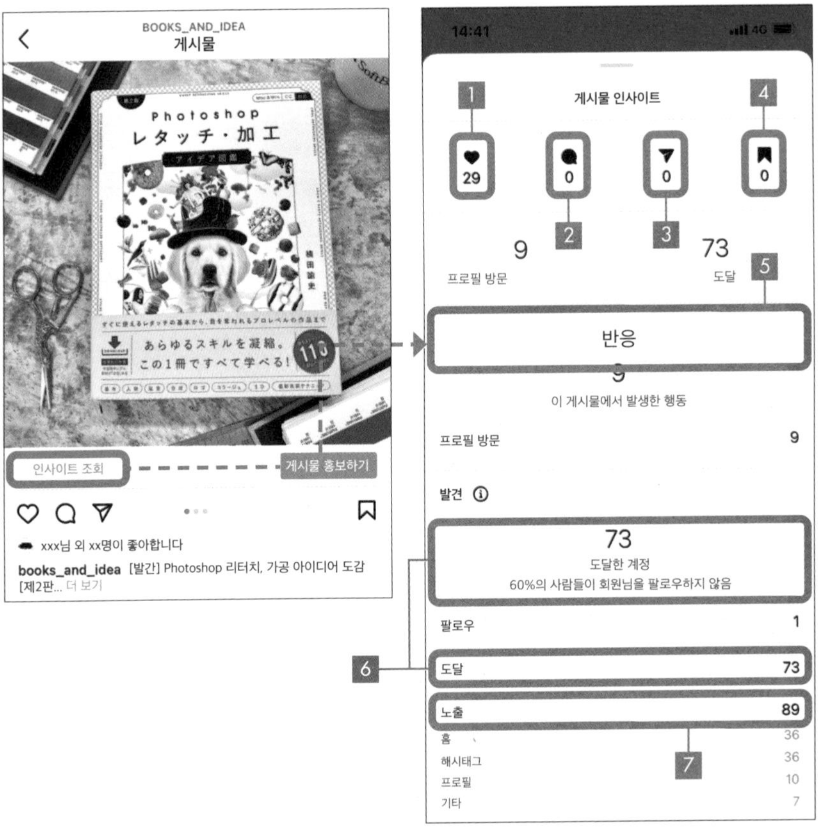

1 좋아요

어떤 사용자가 '좋아요'를 했는지 확인할 수 있습니다. 게시물이 마음에 들었을 때뿐 아니라 '게시물을 봤다'라는 의미의 간단한 커뮤니케이션 목적으로 사용되기도 합니다.

2 댓글

게시물에 대한 소감이나 질문입니다. 원 게시물 주인이 댓글에 달아놓은 답글도 카운팅됩니다.

3 공유

게시물이 스토리나 다이렉트 메시지로 공유된 개수를 말하며 팔로워가 아닌 사람들도 게시물을 볼 수 있는 기회가 될 수 있습니다. 공유된 게시물을 계기로 팔로워들 간 대화가 시작되어 상품의 인지도나 구매 의욕 향상을 기대할 수도 있습니다.

Memo

사용자 간 다이렉트 메시지 등과 같이 수치로 나타나지 않는 소통 방식을 '다크 소셜'이라 부릅니다. 공유된 곳에서 어떤 대화가 이루어졌는지 확인할 수는 없지만 친구 간에 주고받는 다이렉트 메시지처럼 사적인 상황에서 브랜드나 상품이 화제가 되는 것은 마케팅 관점상 매우 중요합니다.

4 저장

게시물을 나중에 다시 보기 위한 기능입니다. 좋아요와 달리 '누가 저장했는지'는 알려지지 않기 때문에 커뮤니케이션 목적이 아니라 '정보성 게시물을 나중에 찬찬히 보고 싶다', '구매 고려 중인 상품을 검토하고 싶다' 등 자기 자신을 위해 사용됩니다.

저장 수가 많은 게시물은 인스타그램 알고리즘에서 '유익한 게시물'로 간주 되어 해시태그 검색이나 탐색 탭에 노출되기 쉬워집니다.

5 반응

게시물을 본 사용자가 계정의 프로필을 방문하고 프로필상의 웹사이트 링크를 누르는 등의 반응을 일으킨 수입니다.

6 도달

게시물을 본 사용자의 수입니다. 계정 단위로 계측하기 때문에 같은 사람이 세 번 본 경우에도 '1'로 카운팅 됩니다.

7 노출

게시물이 노출된 횟수입니다. 같은 사람이 세 번 보면 '3'으로 카운팅 됩니다.

'도달'을 통해 게시물을 본 사용자 중 팔로우하지 않은 사람이 몇 %인지 확인할 수 있습니다.

도달한 사용자의 내역

발견 ⓘ

73

도달한 계정

books_and_idea60%의 사람들이 회원님을 팔로우하지 않음

팔로우	**1**
도달	**73**

위에서 든 예를 보면, 도달한 사용자 73 중 팔로우하지 않은 사람은 60%이기 때문에 약 44명, 팔로워는 약 29명입니다. 이 계정의 팔로워가 100명이라고 할 때 팔로워의 약 30%가 게시물을 본 것을 알 수 있습니다. 팔로워에 대한 도달률이 높으면 팔로워와의 친밀도가 높다, 게시물 내용에 관심 있는 사용자가 팔로우하고 있다, 게시물을 올리는 타이밍이 팔로워가 인스타그램을 보는 시간대와 맞다…… 등의 사실을 유추해볼 수 있습니다.

'노출'을 통해서는 게시물 유입 경로(사용자들이 게시물을 어디에서 보았는지)를 알 수 있습니다.

사용자가 게시물을 본 위치

노출	**89**
홈	36
해시태그	36
프로필	10
기타	7

노출에서는 '홈', '프로필', '탐색', '해시태그', '지역'의 5가지 구분 중, 유입이 많은 상위 3개와 '기타'의 수치를 확인할 수 있습니다. '홈'은 타임라인에 표시되는 것이기 때문에 팔로워들이 본 횟수라고 생각하면 됩니다. 탐색 탭, 해시태그 검색, 위치 정보를 이용한 장소 검색에서 유입되는 경우, 팔로워 이외의 사용자가 차지하는 비율이 높을 것입니다. '기타'에 대해서는 공식적인 발표가 없기 때문에 억측일 수 있지만 상위 3가지로 표시된 것 외의 유입경로와 더불어, 스토리나 다이렉트 메시지로 공유된 곳에서의 도달 수, 저장된 게시물을 본 횟수, 외부에 공유된 게시물 링크로부터의 유

입 등이 포함되어 있을 것으로 예상됩니다.

Memo

게시물별 인사이트를 비교해보면 '저장 수가 많을 경우 탐색 탭을 통해 노출되는 경우가 많다', '특정 해시태그를 붙이면 해시태그 검색을 통한 유입이 증가한다' 등과 같이 경향을 파악할 수 있습니다. 다른 것 대비 반응이 좋았다거나, 반대로 많이 보지 않은 게시물이 있다면 게시물 내용과 인사이트를 보면서 이유를 분석해 보도록 합니다.

+1 플러스 원

스토리 인사이트

스토리 게시물도 인사이트를 확인할 수 있습니다. 왼쪽 하단의 'O명이 읽음'을 누르거나, 또는 위로 스와이프하면 스토리를 조회한 사용자 리스트나 반응이 표시됩니다. 설문 스티커를 사용한 경우, 설문에 응한 사용자들의 답변도 볼 수 있습니다.

Point!

- ☑ 비즈니스 계정에서는 인사이트 데이터를 이용할 수 있습니다.
- ☑ 계정, 게시물에 대한 반응을 확인할 수 있습니다.
- ☑ 팔로워가 100명 이상이라면 팔로워의 속성을 알 수 있습니다.

Chapter 4 06

소재가 떨어져서 고민이라면? 4종류의 게시물 패턴으로 고민 싹!

정기적으로 게시물을 올리다 보면 대부분이 소재가 떨어지는 상황에 직면하게 됩니다. 여기서는 아이디어 고안의 참고가 될 수 있는 게시물 내용의 패턴을 소개합니다.

개인 인스타그램 계정이라면 아무 때나 좋아하는 것을 올리면 되니 문제가 되지 않지만 판촉 목적일 경우 '상품 관련 정보'를 '정기적'으로 올리기 때문에 어떤 게시물을 올릴지 생각하는 게 괴로워지기 일쑤입니다. 여기서는 비즈니스 계정에서 활용할 수 있는 게시물의 패턴을 소개해 나가고자 하니 이 중 도움이 될 만한 것이 있다면 적용해보기 바랍니다.

① 상품·브랜드 소개

비즈니스 계정의 왕도라고 할 수 있는 게시물입니다. 여분의 요소를 넣지 않고 상품에 초점을 둔 썸네일 이미지를 기본으로 하며, 여러 장의 이미지를 슬라이드 형식으로 보여줄 경우, 상품을 사용하는 장면이 떠오르는 것, 상품의 매력을 돋보이게 할 기술적인 이야기 등을 더 해보는 것도 좋습니다.

상품 소개의 예

첫 번째 이미지는 해시태그 검색이나 탐색 탭에서 작게 표시되어도 내용을 알아보기 쉽도록 심플하게 만드는 것을 추천합니다. 또 쇼핑 기능 신청을 통과했다면 인스타그램 Shop으로 이동할 수 있도록 쇼핑 태그를 붙이면 좋습니다.

② 공지·알림

신상품, 세일, 라이브 방송 등을 알리는 게시물입니다. 독자 여러분도 신상품 예고부터 발매 예정일이 다가옴에 따라, 상품 실루엣이나 내용물을 일부 보여주는 등 정보가 조금씩 흘러나오는 것을 본 적이 있지 않나요? 또 세일이나 이벤트, 라이브 방송 등 정보 발신도 종종 볼 수 있습니다. '오늘 저녁 6시부터 라방(라이브 방송)'처럼 확실하게 그 시간에 봐주길 바랄 경우 스토리에서 카운트다운 스티커를 사용하면 편리합니다.

공지 게시물의 예

Memo

신상품 소개라면 '신상품이라는 점'과 '구할 수 있는 장소'를 명확히 기재해 둡니다.

Memo

기간 한정 세일이나 라이브 방송 알림은 카운트다운 스티커를 사용할 수 있는 스토리와도 잘 맞습니다. 24시간 후 사라지기 때문에 피드가 공지로 도배되는 상황을 막을 수 있습니다.

③ 지식형 콘텐츠

상품 고르는 법, 사용법, 레시피, 코디네이트 등의 게시물입니다.

상품 라인업이 여러 개 존재할 경우, 상품별 특징이나 그 상품이 어떤 사람에게 잘 맞는지 등의 정보를 정리하여 발신함으로써, 사용자의 물건 구입 검토를 도와줍니다.

또한 헤어케어용품 회사가 헤어드라이어 사용법을 설명하거나, 카드사 계정이 돈에 관한 상식을 발신하는 등, 유익한 게시물로 잠재적 고객층이 관심을 가지게 만드는 계기가 됩니다.

지식형 콘텐츠의 예

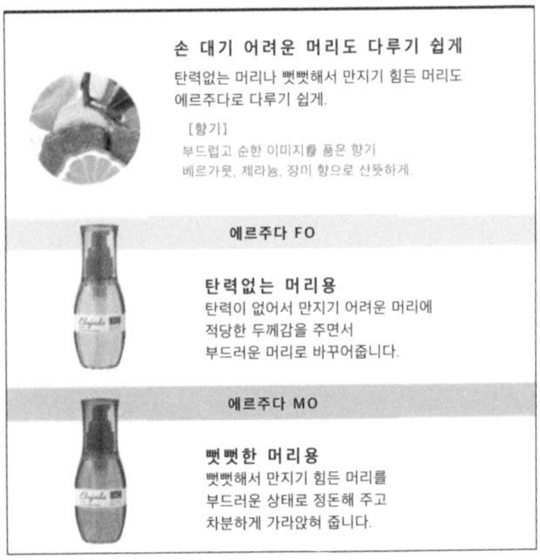

Memo

팔로워를 늘릴 목적으로 상품이나 브랜드와 상관없는 정보성 콘텐츠를 올리는 계정도 많지만, 팔로워를 늘리는 것은 어디까지나 '상품이나 브랜드의 인지도를 올리기' 위한 수단입니다. 잠재 고객층을 위한 정보성 콘텐츠를 만들 때는 특히 '상품이나 브랜드 인지로 이어질 수 있는가'라는 관점을 잃지 않도록 합니다.

④ 시즌 이벤트 계열

시즌 행사나 매년 찾아오는 정기 행사에 접목시킨 게시물입니다. 크리스마스나 설에 관련된 레시피를 소개하거나, 할로윈에 맞추어 자사 상품으로 할 수 있는 헤어스타일 꾸미기나 메이크업을 제안하는 등 상품과 이벤트를 접목시켜 생각해보면 새로운 관점을 찾을 수 있을지도 모릅니다.

상품을 이벤트와 접목시킨 게시물의 예

+1 \\ 플러스 원 //

'안에 있는 사람'이 눈에 띄는 계정은 어려운가?

'비즈니스 계정 운영'이라고 하면 기업 공식 계정이면서도 독특한 게시물로 인기를 누리는 계정을 연상하는 사람들도 있을지 모르겠습니다. 운영 담당자, 이른바 '안에 있는 사람'의 캐릭터를 느낄 수 있는 계정은 친근감이 있어 매력적이긴 하지만, 담당자의 운영 능력에 의존하는 부분이 크다 보니, 이를 겨냥해 재현하기가 어려워 추천해 드리지는 않습니다. 담당자가 중간에 바뀔 수도 있기 때문에 개인적인 센스에 좌우되는 부분은 가급적 적은 편이 좋습니다.

다만 개인이 경영하는 음식점, 내지는 헤어디자이너처럼, 인물 자체가 브랜드의 핵심이 될 경우에는 개성을 드러내는 운영을 해보는 것도 좋습니다.

Point!

- ☑ 4가지 패턴을 힌트 삼아 게시물 내용을 생각해 봅시다.
- ☑ 게시물을 올릴 때는 반드시 상품과 연관된 것을 올립니다.

Chapter 4

07 논란을 방지하는 계정 운영 시의 주의점

계정 운영에 있어서 조심해야 할 것이 바로 '논란' 리스크입니다. 그렇다고는 하나, 논란은 이유 없이 발생하는 것이 아니기 때문에 주의점만 잘 파악해 두면 대부분은 회피할 수 있습니다.

'논란'은 예방할 수 있다

일반적으로는 단시간에 부정적인 게시물 또는 댓글이 집중하거나 확산되는 상태를 가리켜 '논란'이라고 합니다. 인스타그램은 공유 기능이 한정적이어서 확산성이 낮은 SNS이지만, 게시물 화면 캡처나 URL이 트위터(Twitter) 등 다른 SNS로 퍼지면서 한 번에 확산되는 경우도 있습니다.

논란 때문에 게시물에 부정적인 댓글이 쇄도하면서, 인스타그램 알고리즘에 '댓글이 많다=주목받는 게시물'로 인식되고, 탐색 탭이나 해시태그 검색 상단에 표시되어 또 다른 논란을 일으키는 악순환에 빠지는 경우도 있습니다.

하지만 논란의 대부분은 사전에 방지할 수 있는 것들입니다. 아래에 소개하는 5가지 포인트만 잘 알아두어도 논란 리스크는 크게 줄일 수 있습니다.

▶ ①부정적인 표현을 하지 않는다

특정 주장이나 특정 속성의 사람을 부정하는 게시물은 자제합니다. 자신이 올린 게시물이 아니더라도, 제삼자가 올리는 그러한 게시물에 좋아요를 누르거나 스토리에 공유하는 행위 역시 '이들에게 찬성한다'고 보여질 수 있으니 주의가 필요합니다. 해시태그 검색 등으로 자사 제품 관련 게시물을 발견하고 이에 좋아요를 누르거나 댓글 작성 시, 내용을 잘 확인한 후 대응하면 안전합니다.

▶ ②개인정보나 기밀 사항이 들어가 있지는 않은지 체크한다

고객이나 관계자에 관한 정보나 기밀 사항이 들어가지 않도록 주의합니다. 의도한 게 아니더라도 가게 내부를 촬영하면서 고객의 얼굴이 들어가 있거나, 상품 사진을 찍을 때 뒤쪽에 서류나 화면이 우연히 비춰져 있지는 않은지, 게시물을 올리기 전에 반드시 사진이나 동영상을 체크합니다.

▶ ③정보의 정확성에 주의한다

진실 여부가 확실하지 않은 정보는 발신하지 않도록 합니다. 캠페인이나 이벤트 정보의 오류는 논란으로 이어지기 십상이니 내용이 확정된 후에 올리고, 의료나 건강에 관한 정보는 전문가의 확인을 받은 후 발신하는 등, 검증된 상태에서 게시물을 올리도록 합니다.

▶ ④부정한 행위를 하지 않는다

'스텔스마케팅'이라는 말을 들어본 사람들도 많을 것입니다. '기업 관계자가 일반 사용자인 척하며 상품을 소개하거나, 인플루언서가 돈을 받고 선전하면서 '#광고'를 붙이지 않는 등, 광고인 사실을 명시하지 않고 게시물을 발신하는 것을 말합니다. 관계자가 올리는 게시물이나 인플루언서 등에 의뢰하는 것 자체는 문제되지 않으니, 관계자인 사실이나 광고임을 명시하여 진지하게 임하도록 합니다.

▶ ⑤게시물 공유 시의 저작권 문제

상품 관련 UGC 게시물 취급 시, 인스타그램 정식 기능인 '스토리로 공유하기'를 사용한다면 문제 될 것이 없다고 생각합니다. (사전에 프로필에 자사 브랜드 워딩 해시태그를 포함하는 게시물을 공유하는 취지를 기재해두면 좋습니다.)

UGC 게시물 공유 시 쇼핑 태그를 붙이거나, 스토리 스와이프 업으로 전자상거래 사이트로 이동시키는(쇼핑 기능 신청 통과 및 팔로워 1만 명 이상 시 사용할 수 있는 기능) 등 상업적으로 이용할 경우, 그 취지를 제대로 전하고 허가를 받아두면 안전합니다.

다른 사용자들의 피드 게시물을 화면 캡처 등으로 저장하여 자신의 피드에 사용할 경우 저작권 문제가 될 가능성이 있으니, 인스타그램이 공식적으로 제공하지 않는 게시물 공유 방법을 사용할 때는 댓글이나 다이렉트 메시지로 원 게시물 사용자에게 확인한 후에 게시하도록 합니다.

피드 게시물을 스토리로 공유하기

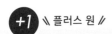

Memo

스토리로 공유된 게시물을 누르면 원 게시물로 이동합니다.

+1 \\ 플러스 원 //

재해 시 게시물 업로드에 관하여

제가 판촉 지원을 하고 있는 클라이언트 분들에게는 재해 발생 시, 상품 소개글이나 광고 행위를 일시적으로 멈출 것을 추천해 드리고 있습니다. 사용자가 피난 정보 등의 필요한 정보를 찾을 때 노이즈를 야기하지 않도록 하기 위함입니다.

논란이 발생했을 때의 대처 방법

만약 인스타그램에서 논란이 발생하였을 경우 아래와 같이 대응하도록 합니다.

▶ ①계정의 게시물 작성과 그 외 활동을 일시중지한다

댓글이나 메시지에 대한 대응, 예약 완료 게시물이나 광고도 포함하여 인스타그램에서의 모든 활동을 일시중지합니다. 논란 발생 시 다양한 측면에서 부정적인 의견이 파급되어 논란을 가중시킬 우려가 있기 때문입니다. 또 논란의 원인이 된 게시물이나 부정적인 댓글을 삭제하는 행위 역시 '논란 자체를 없었던 일로 하려고 한다'라고 여겨져 불에 기름을 붓는 결과를 낳을 수 있으니 하지 않도록 합니다.

▶ ②곧바로 윗사람이나 법무, 홍보 담당자 등과 상담한다

논란 발생 시 담당자 혼자서 판단하고 대처하는 것은 위험합니다. 논란이 발생하였음을 인지한 시점에 곧바로 윗사람이나 법무, 홍보 담당자 등과 사태를 공유하고 연계하여 대처하도록 합니다.

▶ ③공식적으로 사죄한다

게시물 내용에 문제가 있다고 판단한 경우, 공식적으로 사죄를 표명합니다. 사죄 시 또다시 논란의 불길이 올라오지만 성실하고 일관성 있는 대응을 계속하다 보면 그 이후의 부정적인 반응은 점차 줄어듭니다. 대개 논란은 며칠 정도면 수습이 되는데, '논란이 가라앉았으니 이제 괜찮겠지'하고 넘어가거나 범인 찾기를 해서 종결시키는 것이 아니라 무엇이 잘못되었는지, 어떻게 하면 재발을 막을 수 있는지를 생각할 기회로 삼아야 합니다.

SNS는 논란의 계기가 발생했을 때 정보가 확산되기 쉽기 때문에 눈에 띄지만, 논란은 'SNS를 운영하기 때문에 발생하는' 것은 아니기 때문에 지나치게 두려워할 필요는 없습니다. 웹사이트에서의 발신 내용, 점포에서의 접객 행위, 상품 퀄리티 등 기업과 고객이 접촉하는 갖가지 기회들이 논란의 불씨가 될 수 있으니, 인스타그램뿐만 아니라 항상 고객에게 성실하게 대응하는 것이 최대의 예방책입니다.

Point!

- ☑ 인스타그램의 논란 대부분은 예방할 수 있습니다.
- ☑ 만약 논란이 발생하였을 경우 혼자서 끌어안지 않고 팀으로 대처합니다.
- ☑ SNS 뿐만 아니라 고객에 대한 성실한 대응이 가장 중요합니다.

Chapter 5

매력이 전해지는 게시물 작성 팁

제5장에서는 상품의 매력이나 브랜드 세계관이 전해지는 사진 촬영 기법을 소개합니다. 01-03절에서 소개하는 촬영 기법이나 아이디어는 사진작가 모론논(@moron_non)님의 인터뷰를 통해 얻은 내용입니다.

Chapter 5
01 좋은 사진을 찍기 위한 근본적인 생각

매력적인 사진을 찍기 위해서는 보는 사람에게 무엇을 전달할지를 의식할 필요가 있습니다. '인스타 감성' 사진의 테크닉을 소개하기에 앞서, 01절에서는 근본적인 생각에 대해 말씀드립니다.

상품의 가장 큰 매력을 이해한다

촬영자 스스로가 상품의 매력이나 전달하려는 포인트를 파악해 두어야 합니다. 캐주얼함을 세일즈포인트로 삼을지 혹은 고급 노선이나 특별한 느낌을 드러낼지에 따라서 보여주는 방식이 달라집니다. 저는 촬영 시, 가격대나 고객 타깃층, 브랜드의 키 컬러를 자세히 탐문하여 조사한 후, 타깃층인 사람을 표현한다는 생각으로 촬영합니다. 촬영 시의 비품도 타깃층인 사람이 실제로 이용하는 것들을 위주로 준비합니다.

제가 촬영한 것을 예를 들자면 신발과 가방을 판매하는 'artemis by DIANA'라는 브랜드에서는 캐주얼함과 우아함을 포인트로 어필하였습니다. '친구와의 약속에 상자를 열어 새 신발을 꺼낸다'라는 스토리를 이미지하여 평소와 달리 신발만 촬영하지 않고 상자도 함께 사진에 담아냈습니다.

상자를 함께 촬영하여, 상자를 열 때의 설레는 느낌을 표현

©artemisbydiana

또 한 가지, 착용 컷에서는 단순히 신발을 늘어놓지 않고 거울 앞에서 신어보는 모습을 찍음으로써 마치 '오늘은 어떤 신발을 신을까?'하고 고민하는 듯한 이미지를 연출했습니다.

신발을 고르는 즐거움까지 전한다

©artemisbydiana

피사체를 찍는 것만으로도 벅찰 수 있지만 약간의 '움직임'을 가하는 것도 효과적입니다. 역동감 있는 한순간을 담아낼 수 있습니다. 신발 촬영 시 펌프스의 곡선미를 표현했습니다.

발길의 움직임을 촬영

'주제'와 '부제' 정하기

상품의 매력이나 전달하고 싶은 내용이 명확해지면 그 안에서 우선순위를 매깁니다. 예를 들어 아래 사진의 주제는 '칵테일', 부제는 '눈앞에서 칵테일을 제조해 주는 고양감'이라는 설정입니다.

주제와 부제

전달하고자 하는 내용이 몇 가지 이상 존재할 경우, 여러 장의 사진으로 나누어서 슬라이드 형태로 볼 수 있게 합니다. 한 장의 사진에 꾸역꾸역 담아내지 않고 하나씩 덜어낸다는 느낌으로 생각하면 전달하고자 하는 부분을 더 돋보이게 만들 수 있습니다.

Point!

- ☑ 촬영자 스스로가 상품의 매력을 이해하도록 합시다.
- ☑ 사진을 보는 사람에게 무엇을 전달하고자 하는지, 어떤 인상을 주고 싶은지 생각합니다.
- ☑ 전달하려는 것의 우선순위 정리합니다.

Chapter 5
02

상품의 매력을 끌어내는 사진 촬영 구도와 테크닉

02절에서는 사진의 퀄리티를 끌어올리는 구도와 테크닉에 대해 소개합니다. 간단한 것들이니 한 번 시도해보기 바랍니다.

대상을 돋보이게 하는 4가지 구도

사진의 구도란, '피사체를 화면 어디에 배치할지'에 대한 것입니다. 아래에서 기본적인 구도 4가지를 소개합니다.

▶ 중심적 구도

화면 중앙에 피사체를 배치하는 심플한 구도입니다. 상품만을 돋보이게 하고 싶을 때 등에 사용합니다.

중심적 구도

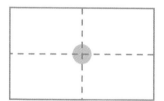

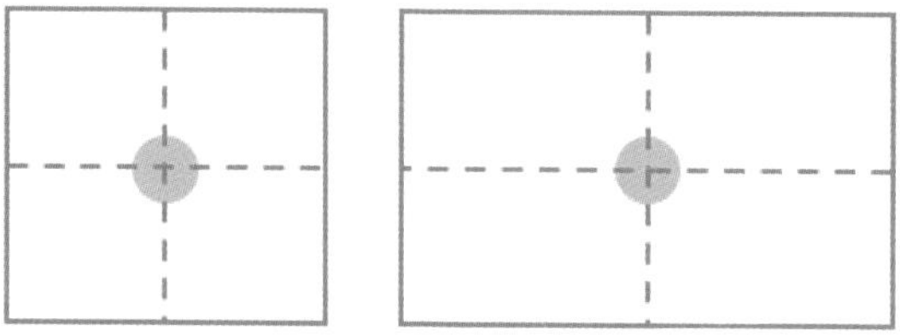

©moron_non

▶ 3분할 구도

화면의 가로세로를 각각 3개로 분할하고, 교점 어딘가에 피사체를 배치합니다. 메인이 되는 피사체와 배경을 균형 있게 찍기 좋습니다.

3분할 구도

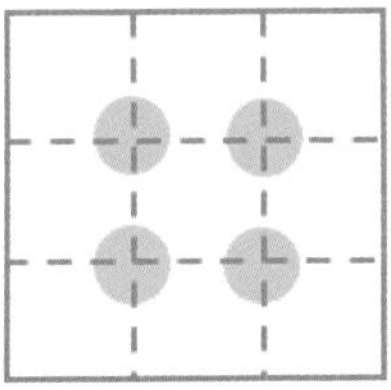

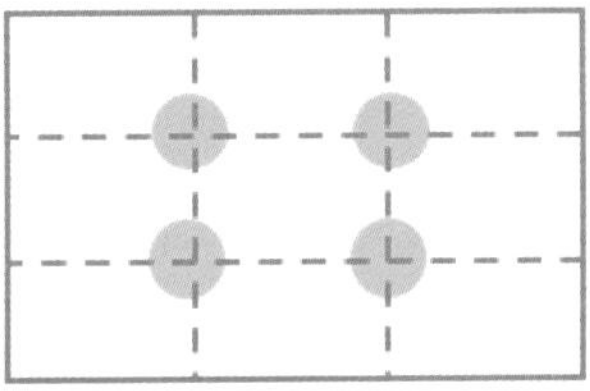

©moron_non

▶ 4분할 구도

화면의 가로세로를 각각 4개로 분할하고, 교점 어딘가에 피사체를 배치합니다. 3분할 구도보다 역동적인 인상을 줍니다.

4분할 구도

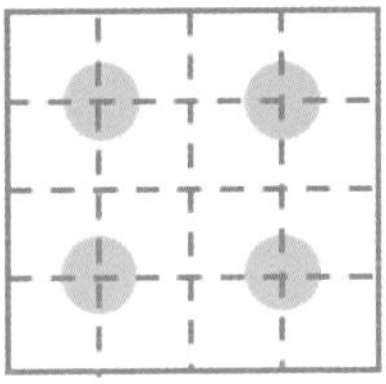

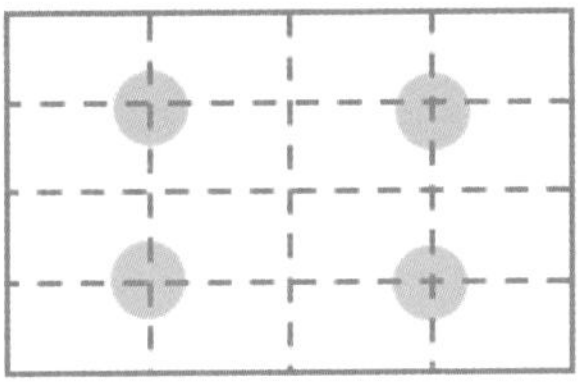

©moron_non

▶ 대각선 구도

대각선상에 피사체를 배치하는 구도입니다. 가늘고 긴 것, 여러 개의 피사체, 풍경 등을 촬영할 때 적합합니다.

대각선 구도

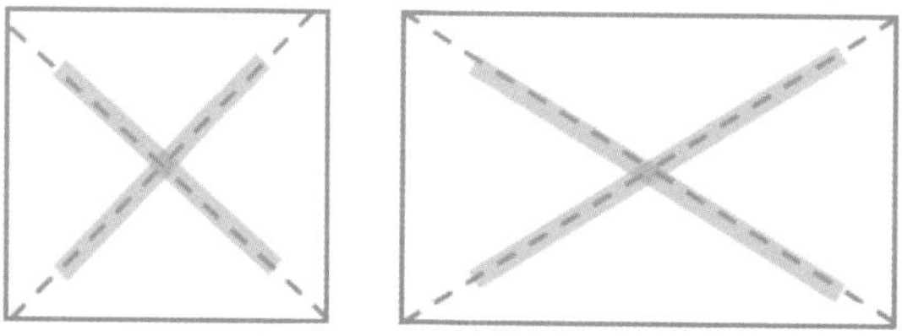

©artemisbydiana

사진의 수준을 올려주는 빛의 테크닉

사진은 약간의 테크닉을 가미하기만 해도 느낌이 훨씬 좋아집니다. 스마트폰 카메라로도 충분히 예쁘게 담아낼 수 있으니, 앞에서 언급한 구도와 함께 시험해보기 바랍니다.

▶ 자연광에서 찍기

사진을 찍을 때는 되도록 실외나 창가 등 자연광에서 찍도록 합니다. 실내조명은 색이 예쁘게 나오지 않거나 조명 자체의 그림자가 생겨버리는 경우가 있으니 불을 끄고 자연광만으로 찍는 것이 가장 좋습니다.

저녁 식사 모습 등 야간에 촬영하는 경우에는 촛불의 빛을 사용해보는 것도 좋습니다.

창밖에서 들어오는 태양광으로 부드러운 느낌을 연출

©artemisbydiana

▶ 순광과 역광

대체로 순광으로 촬영하지만 상품의 실루엣이나 생동감 있는 풍경을 표현하고자 할 때는 역광으로 촬영하기도 합니다.

순광과 역광

순광

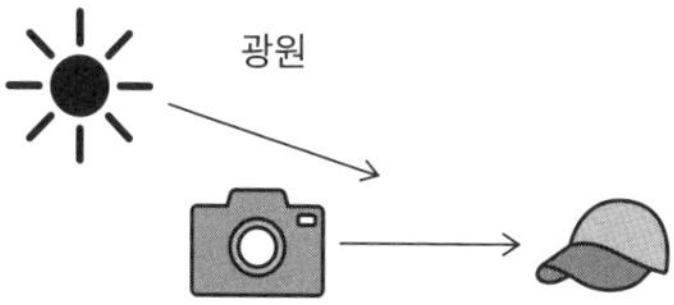

광원의 방향에 따라 촬영

역광

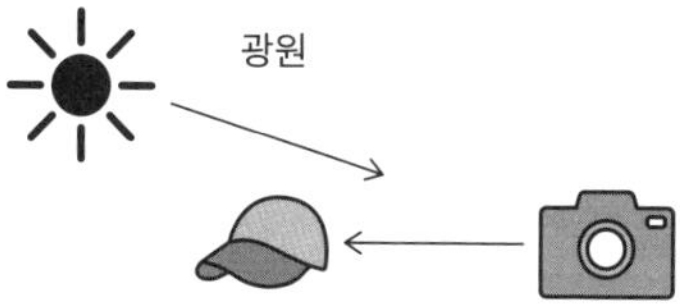

광원의 반대쪽에서 촬영

+1 \\ 플러스 원 //

편리한 소품으로 세련되게 촬영

사내에서 촬영 시 전용 스튜디오처럼 세련된 책상이나 세트를 준비하는 것이 어려울 수 있습니다. 그런 경우 나뭇결이나 대리석 등의 무늬가 인쇄된 시트지를 사용하면 분위기를 낼 수 있습니다. 1~2미터 정도의 말 수 있는 시트지나 하얀 리넨 천 등을 사무실 책상에 까는 것만으로도 제법 멋진 사진을 찍을 수 있습니다.

그 밖에도 하얀 레프판이 있으면 빛이 깨끗하게 나옵니다.

시트지를 사용하면 사무실에서도 세련된 사진을 찍을 수 있다

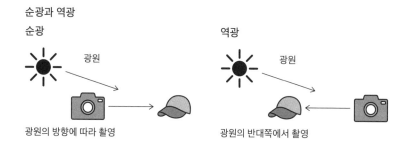

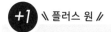

Point!

- ☑ 스마트폰 카메라면 충분합니다.
- ☑ 구도를 의식해서 촬영하면 존재감이 생깁니다.
- ☑ 자연광에서 촬영합니다.

Chapter 5

03 작게 표시되어도 눈길을 끄는 주목받는 '해시태그 썸네일' 비법

해시태그 검색이나 탐색 탭에서는 다른 여러 게시물과 함께 작게 표시됩니다. 그중에서 나의 게시물을 선택해서 보게 만들기 위해, 작게 표시되어도 주목받을 수 있는 게시물을 만드는 방법을 알려드립니다.

첫 번째 사진으로 만들어지는 썸네일

해시태그 검색이나 탐색 탭에서는 게시물이 3열로 나열되어 표시됩니다. 수많은 게시물 중에서 사람들이 관심을 가지고 열어보게 하려면, 작아도 게시물의 내용이나 매력이 전해질 수 있는 방법을 생각해야 합니다.

해시태그 검색과 탐색 탭

▶ 요소를 최소화하여 여백을 만든다

주인공을 돋보이게 하기 위하여 불필요한 요소들을 최소화해 심플하게 만듭니다. p.120에서 말씀드린 것처럼 전달하고자 하는 내용이 많다면 우선순위를 정한 후 여러 장으로 나누어서 슬라이드로 표시해 옆으로 넘겨 볼 수 있게 합니다. 첫 번째 사진에는 요소를 너무 많이 넣지 말고 여백을 많이 줘서 사용자들이 상상할 수 있게 만들어 주세요.

첫 번째 사진은 심플하게

첫 번째 사진은 상품을 크게 촬영하고, 두 번째 사진은 착용 이미지가 전달되도록 조금 멀리서 촬영합니다.
©artemisbydiana

▶ 밝기와 색조

스마트폰의 작은 화면에서는 어두운 느낌의 사진보다 밝은 사진이 눈에 확 들어옵니다. 촬영한 사진을 게시하기 전에 밝기를 올려보는 것도 좋습니다.

또 사용하는 색에 따라 주의를 끌기도 합니다. 붉은색이나 검정색, 노란색 조합 등은 눈에 띄기 때문에 사람들의 주목을 끌고 싶은 곳에 첨가하면 시선을 유도할 수 있는 반면, 우선순위가 낮은 부분에 이러한 색이 들어가면 그쪽으로 주의가 쏠릴 수 있기 때문에 주의가 필요합니다.

밝은 사진은 눈에 더 잘 들어온다

▶ 식품은 '시즐감'이 포인트

'시즐감'이란, 갓 만든 따뜻한 요리에서 김이 모락모락 나거나, 차가운 유리잔에 물방울이 맺혀 있거나, 조각케익의 단면에 포커스를 맞추어 먹고 있는 장면을 연상시키는 등, 음식이 현장감 있고 맛있어 보이게 찍힌 모습을 나타내는 말입니다.

음식을 근접 샷으로 찍어 맛있어 보이게 촬영

©moron_non

Memo

계정 프로필을 봤을 때의 밸런스를 의식하여, 근접 샷으로 시즐감을 나타낸 사진과 구도를 뒤로 빼서 식탁 전체를 찍어 '식사를 즐기는 상황'을 떠올리게 하는 사진을 교차로 올려보는 것도 좋습니다.

▶ 인물의 시선 활용하기

인간은 다른 사람의 시선 끝을 따라가는 습성이 있기 때문에 모델을 기용하거나 배경에 인물을 넣을 경우 인물의 시선이 향하는 곳에 주목시키고 싶은 요소를 배치하여 게시물을 보는 사용자가 주목하게 만드는 테크닉도 있습니다.

인물의 시선 끝에 보여주고자 하는 요소를 배치한다

상품을 사용하는 장면을 촬영하는 등, 사진에 인물이 들어가는 경우에는 시선의 방향을 의식해보기 바랍니다.

+1 \\ 플러스 원 //

동영상도 썸네일을 고를 수 있다

피드나 릴스에 동영상을 올릴 때 해시태그 검색이나 탐색 탭, 프로필에서 표시할 부분을 고를 수 있습니다. 아무것도 설정하지 않으면 동영상 시작 부분이 썸네일로 표시되는데, 가장 보여주고 싶은 장면이 중반에 있을 경우, '커버 사진'의 위치를 설정합니다.

릴스의 썸네일을 변경

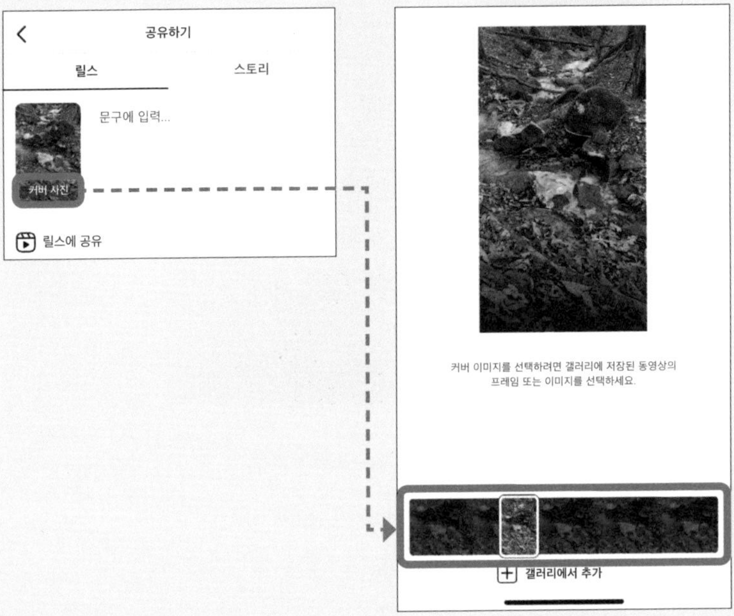

Point!

- ☑ 가장 보여주고 싶은 사진을 첫 번째 썸네일로 가지고 옵니다.
- ☑ 여백을 주어 시인성이 좋게 하고 상상의 여지를 가질 수 있게 합니다.
- ☑ 사진은 밝은 느낌으로 합니다.
- ☑ 음식은 '시즐감'을 냅니다.

Chapter 5 04 텍스트로 정보를 담은 '지식형 콘텐츠'

인스타그램에서는 이미지에 텍스트를 더한 지식형 콘텐츠도 인기가 많습니다. 정보를 많이 담고 있기 때문에 저장될 확률이 높고 도달률이 늘어나기도 쉽습니다.

지식형 콘텐츠도 썸네일이 중요하다

이미지에 텍스트를 넣은 콘텐츠도 사진과 마찬가지로 첫 번째 이미지에서 관심을 가지게 하고 두 번째 이미지부터 추가적인 요소를 내는 것이 기본입니다. 피드, 해시태그 검색, 탐색 탭에 노출되었을 때 '무엇에 대한 게시물인지'를 금방 알 수 있도록 전하려는 요소에 우선순위를 매겨 요약합니다.

첫 번째 사진에 썸네일이 될 사진을 가지고 온다

첫 번째 이미지에서 음료 레시피임을 전달하고, 두 번째 이미지부터 재료의 분량이나 순서 등을 소개함.
©fruitysu_official

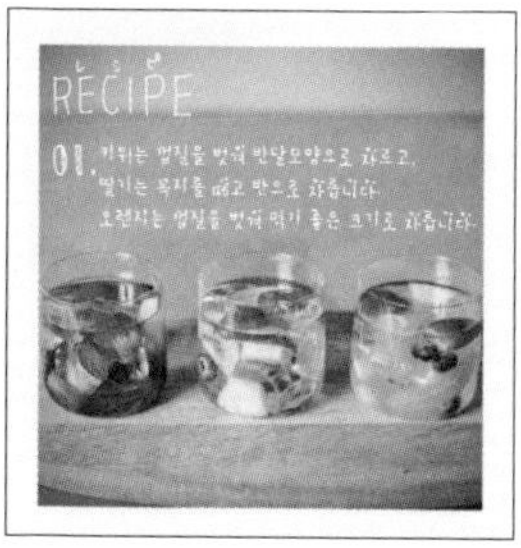

슬라이드 넘기기나 저장을 하게 만들 설명을 넣는다

첫 번째 이미지에서 관심을 가진 사용자들의 액션을 늘리기 위해 슬라이드 넘기기나 저장을 하게 만드는 것도 좋습니다. 슬라이드 형식으로 여러 장의 사진을 보여줄 경우, 첫 번째 이미지에 다음으로 이어지는 페이지가 있음을 명기해 두면 이어지는 내용을 보게 될 가능성이 높아집니다.

또 마지막 이미지에서 프로필로 이동하거나 저장을 하게 만드는 방법도 효과적입니다. 어디를 만지면 무슨 일이 일어나는지를 자연스럽게 알려줌으로써 인스타그램 사용이 익숙하지 않은 사람들도 슬라이드를 넘겨 이어지는 내용을 보고 저장하는 등의 액션을 일으키기 쉬워집니다.

슬라이드를 넘겨서 이어지는 내용을 볼 수 있음을 알려준다

©fruitysu_official

좋아요나 저장 같은 반응뿐 아니라 '게시물에 머무른 시간'도 게시물 퀄리티를 판정하는 요소 중 하나로 이용되고 있으며, 해시태그 상위나 탐색 탭 추천 게시물 노출에 영향을 줍니다.

어떤 콘텐츠나 디자인으로 올려야 사용자들이 게시물을 더 오래 봐 줄지라는 관점으로 게시물 업로드 방법을 생각해보면 좋습니다.

텍스트를 읽기 쉽게 만들기

텍스트를 넣은 이미지를 만들 때는 배경색과 글자색이 대조를 뚜렷하게 만들어 줍니다. 배경이 심플한 것이 좋지만 요소가 너무 많을 경우에는 텍스트에 배경색을 넣거나 배경 이미지 일부를 블러 처리해 주면 읽기 쉬워집니다.

텍스트가 배경과 섞이지 않도록 한다

또 자간이나 행간을 변경하기만 해도 인상이 달라집니다. 배경과의 대조는 문제가 없는데도 가독성이 떨어진다고 느껴지는 경우에는 자간이나 행간을 조정해봅니다. 텍스트가 여러 행일 경우, 일반적으로 폰트 사이즈의 1.5배에서 2배 정도 행간을 열어주면 가독성이 좋아진다고 합니다.

자간이나 행간을 바꾸어 본다

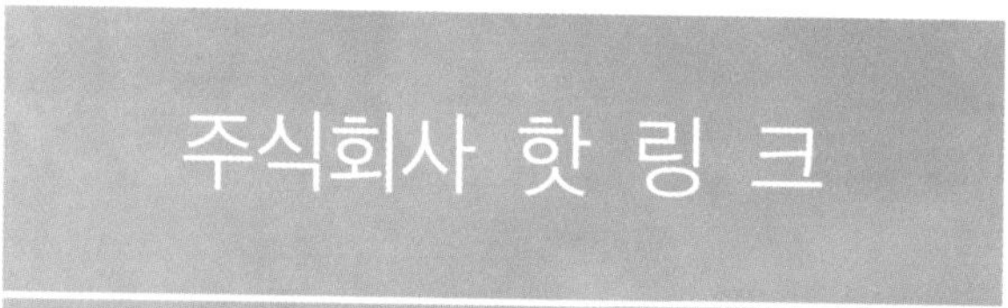

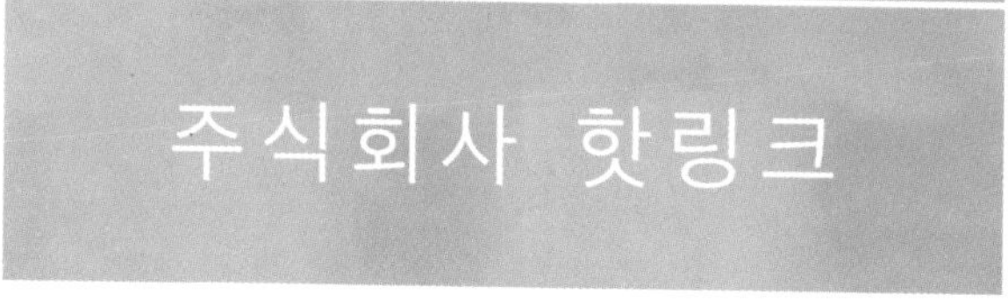

이미지가 완성되었다면, 앱에서 어떻게 표시되는지 시뮬레이션 해볼 수 있는 'The Grid(더 그리드)'(p.67) 앱 등을 사용하여 실제 크기로 어떻게 보이는지를 확인하면서 조정합니다.

게시물을 올리기 전에 어떻게 표시되는지 확인해본다

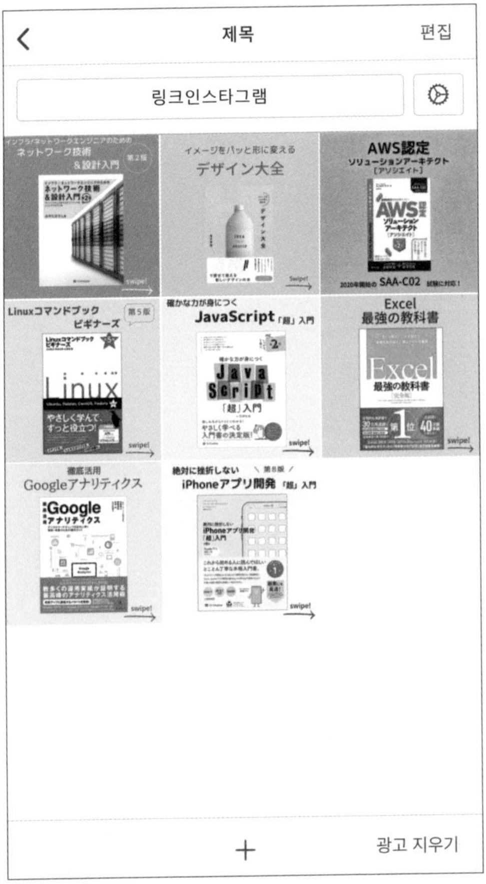

Point!

- ☑ 전하고자 하는 요소의 우선순위를 정합니다.
- ☑ 슬라이드 넘기기나 저장 등 사용자가 할 수 있는 행동을 명기합니다.
- ☑ 대조 효과나 자간, 행간을 조정하여 가독성을 좋게 만듭니다.

Interview

모론논 작가

모론논/@moron_non

▶ Profile

- 밝고 대중적인 세계관을 사진으로 담아내는 사진작가.
- 사진의 즐거움이나 촬영 테크닉 등을 유튜브나 강연을 통해 발신 중장.

지금까지 인스타그램에서 어떤 사진을 촬영해 오셨나요?

cocorone는 인스타그램에서는 여행, 음식, 의류 중심으로 활동하고 있습니다. 이 책에서 소개한 artemis by DIANA(@artemisbydiana)와 Mr.CHEESECAKE(@mr.cheesecake.tokyo) 외에도, 도카이여객철도주식회사 캠페인 '그래, 가자, 교토로'의 비주얼 촬영도 담당하였습니다.

촬영 시에 의식하는 점이 있다면?

사진으로 표현하고 싶은 것, 목적을 먼저 정해놓고, 그것을 본 사람들이 어떤 감정을 느꼈으면 좋겠는지 생각한 후, 구도나 촬영 방법을 고민해 나갑니다.
아침 식사 장면을 촬영할 때는 사선 빛을 사용하여 아침 햇살이 들어오는 모습을 표현하는 등, 그 상황을 실감나게 느낄 수 있게 하는 방법을 생각하였습니다.

촬영 초보자인 독자들에게 한 마디!

'브랜드가 가장 전달하고 싶어 하는 것이 무엇인가', '그 상품의 가장 큰 매력은 무엇인가'를 이해하는 것이 중요합니다. 이것이 먼저 정해진 후 비로소 표현 방법이나 촬영 테크닉을 논할 수 있습니다.

Chapter 6

인스타그램 더 잘 활용하기

인스타그램은 '1:n' 계정 운용뿐 아니라 UGC 활용이 핵심이 됩니다. 제6장에서는 인스타그램 활용의 열쇠가 되는 UGC 활용, 팔로워와의 소통과 더불어, 플러스 알파 시책에 대해서도 소개합니다.

Chapter 6 01

팔로워들과 적극적으로 교류하여 친밀도를 높이자

인스타그램에서는 관계가 밀접한 사용자의 게시물이 우선적으로 표시됩니다. 계정이 성장하면 게시물을 보는 팔로워가 1% 늘어나기만 해도 큰 차이가 생기므로, 팔로워와의 친밀도를 끌어올리는데 주력해 나갑니다.

친밀도를 끌어올리려면?

인스타그램은 사용자 간 관계성이 알고리즘에 의해 판단되고, 친한 상대로 간주 된 사용자의 게시물을 볼 가능성이 높은 상단부나 왼쪽에 노출됩니다. 친밀도를 올리려면 게시물이나 계정을 자주 보게 하거나, 좋아요, 저장, 댓글 등 게시물에 대한 반응을 얻는 것이 중요합니다. 그 밖에도 몇 가지 포인트를 순서대로 소개해 드리겠습니다.

▶ 정기적으로 게시물을 올려 팔로워가 볼 수 있게 한다

팔로워가 피드에 표시된 게시물의 스크롤을 내리지 않고 멈추어서 보거나, 여러 장의 이미지를 슬라이드를 넘겨 이어지는 내용을 확인하고, 게시물에서 프로필로 이동하여 계정에 대해 오랜 시간을 할애하기만 해도 친밀도가 올라갑니다. 게시물을 보는 행위 자체가 친밀도와 관련이 있고, 많은 팔로워들에게 게시물이 보여질 수록 참여율(좋아요나 댓글 등의 반응)이 올라갈 가능성도 커집니다.

게시물을 많이 올리면 그만큼 사람들이 게시물을 볼 확률도 올라가기 때문에 단순히 게시물 수를 늘리는 것은 어느 정도의 효과를 기대해 볼 수 있습니다. 게시물은 정기적으로 올리는 것이 좋습니다.

한 번에 모아서 게시물을 올려도 사용자가 그걸 한 번에 모두 열람하거나 반응을 하는 것은 어렵기 때문에 꾸준히 일정한 페이스로 게시물을 계속 업로드하여 관계성을 높여 나갑니다.

다음 그림은 가설이긴 합니다만, '게시물을 올린다→반응을 받는다→친밀도가 올라간다'를 반복해서 꾸준히 친밀도를 올려나가는 모습을 보여주고 있습니다.

게시물 업로드와 친밀도의 관계(가설)

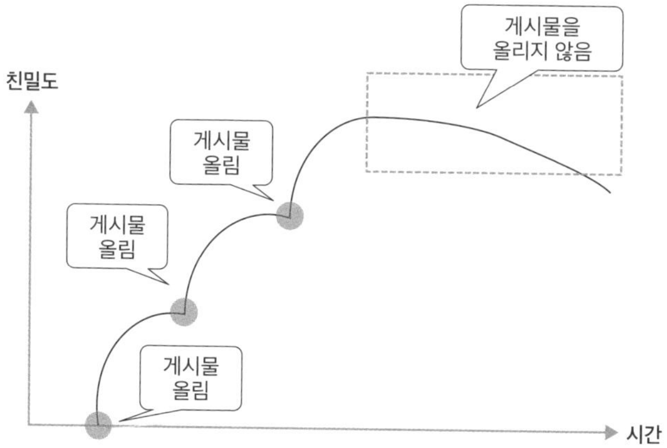

게시물을 올리면 게시물을 열어보거나 참여율로 인해 친밀도가 올라가지만, 아무것도 하지 않으면 조금씩 떨어지는 것으로 예상하고 있습니다. 10년 전에 교류했던 사람보다 1시간 전에 만난 사람이 현시점에서 친밀한 관계라고 생각되는 것처럼 정기적으로 게시물을 올려 팔로워와의 친밀도를 유지하고 축적해 나갑니다.

친밀도가 높으면 게시물을 더 잘 볼 수 있게 한다

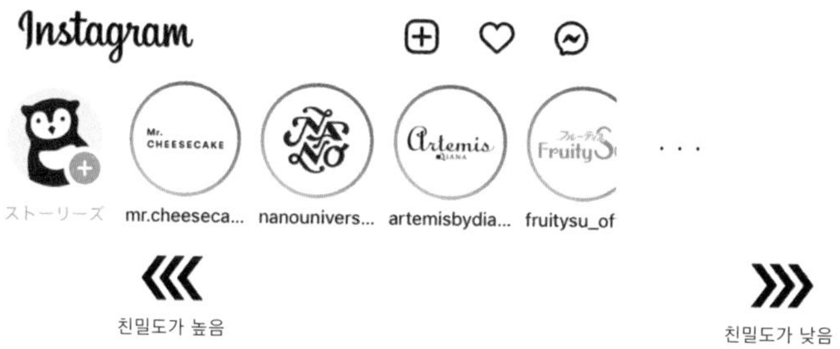

▶ UGC 게시물에 댓글을 달아 대화를 발생시킨다

자신의 계정명이나 상품명으로 검색하여 상품에 대해 언급하고 있는 사용자를 찾는 것을 '에고서핑'이라고 합니다. 우리 회사의 제품을 사서 사진이나 소감을 올린 사용자가 있다면, 게시물에 좋아요를 누르거나 간단한 감사 댓글을 달아봅시다. 나의 반응에 대해 상대방의 반응이 있다면 친밀도가 올라가게 되고, 공식적으로 긍정적인 반응을 얻는 것은 기분이 좋은 법이니, 상품이나 브랜드를 보다 친근하게 느낄지도 모릅니다.

+1 \\ 플러스 원 //

에고서핑

에고서핑으로 찾아낸 UGC에는 상품이나 브랜드가 어떻게 보여지는지, UGC 게시물을 올리는 사용자의 속성(연령, 성별, 취미와 취향 등), 게시물을 올릴 때의 상황이나 기분 등, 고객의 정보가 가득 들어 있습니다. 상품명이나 계정명으로 에고서핑을 하는 것은 시간이 제법 걸리지만, 할 수 있는 범위 내에서 한 번 시도해보기 바랍니다. 어떤 사람들이 게시물을 올리는지, 어떤 물건과 함께 어디서 촬영하는지 등, 게시물이나 사용자의 정보를 한 번 살펴보세요. 이는 인스타그램 운영뿐 아니라 자사 상품의 고객에 대해 이해하는데 도움이 됩니다.

▶ 스토리 스티커로 팔로워와 교류한다

인스타그램 스토리에는 사용자가 부담 없이 반응을 보낼 수 있는 다양한 스티커가 준비되어 있습니다. 퀴즈 기능이나 평가 바, 텍스트를 입력할 수 있는 개방형 질문 기능 등 목적에 맞게 사용해보기 바랍니다.

양자택일형 질문과 퀴즈

슬라이드 바

질문을 기입하고 슬라이드 바를 선택지처럼 사용할 수도 있습니다.

개방형 질문

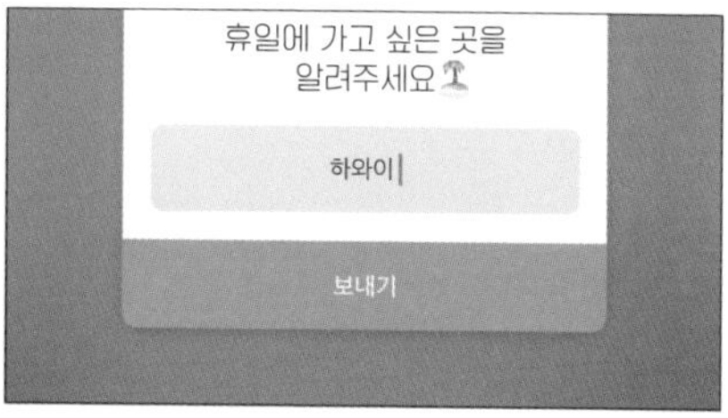

Memo

텍스트는 전각 45자, 반각 72자까지 입력할 수 있습니다.

스토리 스티커는 작성할 문장을 생각할 필요 없이 쉽게 반응을 보낼 수 있기 때문에 커뮤니케이션의 장벽을 허물어 주어 평소 그다지 댓글이나 다이렉트 메시지를 사용하지 않는 사용자들도 부담 없이 반응을 보일 수 있습니다. 사람들이 스토리를 보고, 스티커를 누르고, 질문에 대답하는 등 액션을 보여주면 친밀도가 한층 더 올라갈 수 있습니다.

스토리 스티커를 통한 커뮤니케이션으로 친밀도를 끌어올릴 수 있을 뿐 아니라, 팔로워의 속성이나 상품에 대한 소감, 상품을 사용하는 상황 등을 바로 물어볼 수도 있습니다. 팔로워에게 생생한 의견을 듣고 고객의 기호를 파악하여 상품 개발에 참고할 수도 있으며, 콘텐츠 아이디어로도 이어질 수 있습니다.

상품을 주로 어떻게 이용하는지 물어본다

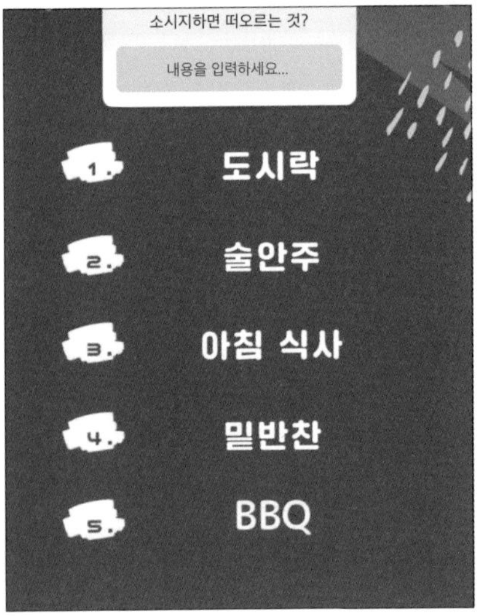

Memo
답변 내용이 한정적일 경우, 별도의 답변을 기재해 두어 번호로 답하게 하는 등 사용자가 답변을 쓰는 수고를 덜 수 있습니다.

스토리에 스티커를 넣으면 사용자의 체류 시간이나 참여율 증가를 기대할 수 있을 뿐 아니라 유익한 정보를 입수할 수도 있습니다. 목적에 맞는 스티커가 있다면 적극적으로 사용해보는 것도 좋습니다.

▸ 라이브 방송

라이브 기능(p.44)은 통상적인 게시물과는 달리 시청자들과의 실시간 소통이 가능합니다. 시청자는 그 자리에서 질문을 해서 의문점을 해소하기도 하고, 라이브 방송 진행자가 실제로 제품을 사용하는 것을 보고 사이즈를 파악하는 등 피드 게시물이나 웹사이트로는 커버하기 어려운 정보를 얻을 수 있습니다.

라이브 방송을 시작하면 스토리란의 왼쪽에 아이콘이 표시됩니다. 스토리는 친밀도에 따라 진열 순서가 결정되기 때문에 친밀도가 낮은 팔로워들은 볼 수 없는 경우도 있습니다. 하지만 라이브 방송 중에는 친밀도가 낮아도 왼쪽의 눈에 띄는 위치에 표시되기 때문에 사람들이 알아차릴 가능성이 올라갑니다.

라이브 방송 중에 시청자가 보내오는 댓글은 될 수 있는 한 캐치하여 답해주도록 합니다. 라이브 시청이나 댓글은 친밀도를 끌어올리는 요소가 되기도 하며, 사용자의 의문점을 해소해 줌으로써 구매로 이어지게 하기도 합니다.

라이브 방송을 기획하였다면, 사전에 스토리에 공지하여 수많은 팔로워들이 볼 수 있도록 합니다. 카운트다운 스티커를 사용하면 그 시간에 리마인더를 설정한 사용자에게 알림을 보내줍니다. (p.46)

+1 \\ 플러스 원 //

라이브룸

라이브 방송 시 최대 3명 게스트를 초대하여 공동으로 방송을 할 수 있습니다. 라이브는 기본적으로 팔로워와의 소통이 목적인 기능인데, 라이브룸을 통해 다른 사용자들과 공동으로 방송 진행 시 공동 방송자의 팔로워도 알 수 있으며, 시청자나 팔로워 증가도 기대할 수 있습니다.

의류 브랜드가 모델이나 디자이너와 함께 방송을 진행하는 등, 공동 방송을 하는 상대는 자신의 계정과 관련이 있는 사용자가 좋습니다.

▶ 다이렉트 메시지

대화를 주고받는 사용자 간의 사적인 공간에서 커뮤니케이션을 할 수 있는 기능입니다. 인스타그램 알고리즘이 친밀도를 측정할 때 다이렉트 메시지의 유무나 빈도를 특히 중요시하고 있는 것으로 예상하기도 합니다.

다이렉트 메시지가 도착하면 되도록 모두 답을 하도록 합니다. 인스타그램에 리소스를 나누는 경우 다이렉트 메시지를 고객지원 창구로 사용하는 등, 적극적으로 활용하여 팔로워와 소통을 하는 것도 한 방법입니다.

다이렉트 메시지 사용빈도가 높은 경우, 정형화된 문구를 미리 등록해 놓고, 바로 불러올 수 있는 '즉시 응답' 기능을 사용하면 편리합니다.

즉시 응답 설정

■ Point !

☑ 팔로워와의 친밀도가 올라가면 게시물이 잘 보이는 곳에 노출됩니다.

☑ 게시물 열람이나 라이브 시청으로도 친밀도가 올라갈 수 있습니다.

☑ 여건이 된다면 다이렉트 메시지를 활용해봅시다.

Chapter 6 **02**

UGC의 활용① 사용자의 행동을 확인한다

인스타그램에서는 자신의 계정에서 '1:n'으로 정보를 보내는 것뿐 아니라 일반 사용자들이 자사 상품이나 브랜드에 대해 발신하게 하는 'N:n' 관점도 중요합니다. 02절에서는 'N:n' 발신을 늘리기 위한 UGC 활용에 대해 상세히 설명해 나가겠습니다.

UGC 게시가 쉽다

사용자들이 상품이나 브랜드에 대해 발신하는 것을 UGC라고 합니다. 인스타그램은 UGC가 계기가 되어 'UDSSAS'라는 구매 사이클이 회전함으로써 판매 효과에 속도가 붙습니다. (p.19) 03절부터는 UGC가 발생하기 쉽게 만드는 방법(해시태그나 샘플 게시물 등)에 대해 설명해 나갈 텐데요, 먼저 현재 사용자들의 행동을 알아보고, 취급하고 있는 상품의 UGC가 얼마나 쉬운지 확인해보도록 하겠습니다.

여기에서 살펴볼 포인트는 다음 두 가지입니다.

① 현시점에서의 인스타그램 상의 UGC 게시물의 유무

② 상품의 구글 이미지 검색 수

①에서 알 수 있는 것은 '인스타그램에 올리고 싶은 상품인지 어떤지'입니다. 의류 계통이나 인테리어 계통 등에서 '인스타 감성'이 나오기 좋은 상품은 UGC 게시물이 발생하기 좋지만, 휴지나 건전지 같은 생활용품이나 이직, 금융과 같은 무형상재는 난이도가 올라가게 됩니다.

②의 구글 이미지 검색 수가 제법 많다면 인스타그램에는 없어도 '상품의 비주얼을 궁금해 하는' 니즈는 있다는 걸 알 수 있습니다. 이미지 검색 수는 구글이 제공하는 '구글 서치 콘솔(Google Search Console)'로 확인해 볼 수 있습니다.

인스타그램 상의 게시물, 구글 이미지 검색에서 상품의 특성에 따른 UGC 활용 가능성을 어느 정도 알 수 있습니다.

상품의 종류에 따른 UGC 활용 가능성

인스타그램 상의 UGC 게시물 유무	구글 이미지 검색 수	UGC 활용 가능성
○	○	○
×	○	△
×	×	×

UGC 게시물과 이미지 검색 수가 모두 충분하다면 UGC 활용 가능성이 좋은 상품입니다. 아래에서 소개하는 UGC 증대 방법이나 팔로워와의 교류로 UGC 게시물을 늘리고, 상품이나 브랜드 인지도를 끌어올려 나가도록 합니다.

UGC 게시물은 적지만 구글 이미지 검색 수가 그럭저럭 많다면, 인스타그램 사용자들에게 아직 브랜드가 알려져 있지 않은 것뿐, 상품 비주얼을 궁금해하는 니즈에 따라 UGC 게시물이 발생할 가능성이 있습니다. 한편 다이어트 상품 같은 복합상재의 경우, 사용 중인 사실을 공공연하게 드러내기 부끄러워하는 사용자들도 많기 때문에 비주얼을 궁금해하는 니즈가 있어도 UGC 게시물로 이어지기 어렵습니다.

Google Search Console

UGC 게시물, 구글 이미지 검색에 모두 나오지 않는다면 UGC 활용이 어려울 가능성이 높기 때문에 다른 방법을 검토하는 것이 좋습니다.

- **정보성 콘텐츠를 제공하는 미디어 계정으로 운영합니다.**
- **인스타그램 광고를 내보냅니다.**
- **인스타그램 이외의 매체에 주력합니다.**

일반적으로 금융상품이나 이직 서비스 같은 무형상재, 중개계 상재는 UGC가 나오기 어려운데, '금융상품을 고르는 방법', '이직 면접 시 주의할 것'과 같이 텍스트가 있는 지식형 콘텐츠를 발신하여 팔로워를 늘리고 인지도를 올리는 방법도 있습니다. 운영에 소요되는 금전적, 시간적 비용과 기대할 수 있는 리턴을 비교하여 인스타그램 이외의 판촉에 주력하는 것도 선택지 중 하나입니다.

인스타그램 상의 UGC 게시물이나 구글 이미지 검색과 같은 관점에서 사용자의 행동이나 니즈를 분석하여 운영 방법으로 활용해보면 좋습니다.

Point!

- ☑ 취급하는 상품이 UGC를 끌어내기 좋은 상품인지 살펴봅니다.
- ☑ UGC를 끌어내기 좋은 상품이라면 UGC 증가를 겨냥한 방법을 실시합니다.
- ☑ UGC 활용성이 낮은 상품일 경우 다른 수단도 검토해봅니다.

Chapter 6 03 UGC의 활용② 독자적인 해시태그를 만든다

다른 사람들과 겹치지 않는 고유의 해시태그를 준비해두면 UGC를 찾을 때 도움이 됩니다. UGC를 활용하기 위해 상품명이나 브랜드명과 같이 독자적인 해시태그를 설정하도록 합니다.

UGC 게시물용 해시태그를 만들자

먼저 메인으로 사용할 해시태그를 정합니다.

p.95에서 해시태그 선정 방법에 대해 해설했는데, 여기서는 그중 '자사 브랜드 워딩'에 대해 상세히 소개합니다.

사용자들의 UGC 촉진을 위해 공식 계정에서 해시태그를 지정해 주는 경우가 많습니다. 프로필에 '#○○을 넣어 상품의 사진이나 후기를 모집하고 있습니다'와 같이 기재하여 사람들의 UGC를 촉진합니다.

독자적이면서도 입력하기 좋은 해시태그

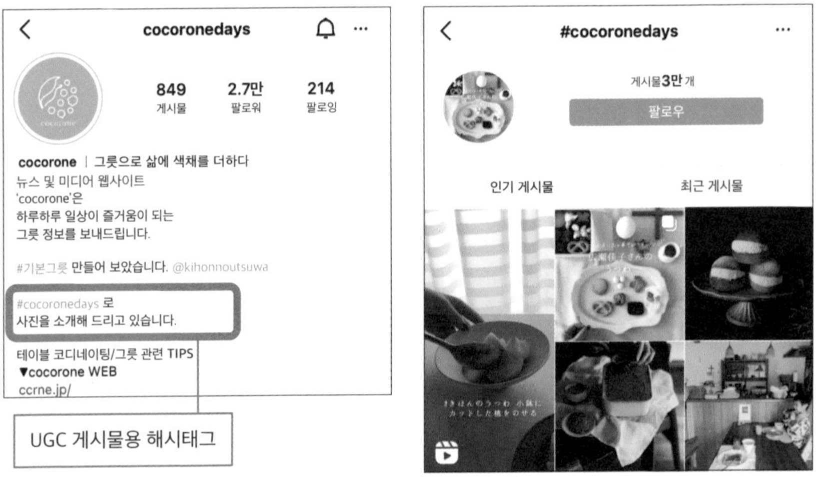

UGC용 해시태그는 게시물에도 적어두고 반복해서 알려줌으로써, 팔로워들이 기억할 수 있게 합니다. 사람들이 사용해주길 원하는 해시태그가 퍼지게 되면 표기법 차이로 인해 UGC가 분산되는 현상을 막을 수 있습니다.

해시태그를 주지시켜 UGC를 하나로 집약시키기

#핫링크	50개			
#헛링크	5개	➡	#핫링크	100개
#hotlink	35개			
#hottolink	10개			

UGC용 해시태그는 독자적이어야 하고, 입력하기 좋아야 합니다.

예를 들어 브랜드명이 '오렌지'일 경우, 그대로 '#오렌지'라고 하게 되면 과일이나 색깔을 나타내는 '오렌지'와 혼재하여 해시태그를 검색해도 자사 상품의 정보가 묻혀버리게 됩니다. 사용할 해시태그를 인스타그램에서 검색해보고 아직 사용되지 않고 있는지 확인해 둡니다. 기본적으로는 상품명이나 브랜드명을 그대로 해시태그로 만드는 것이 가장 좋지만, 그것이 일반 명사와 겹치는 경우는 '○○오렌지'와 같이 다른 단어를 연결해 붙이는 등, 오리지널 해시태그가 될 수 있도록 합니다.

또 해시태그는 입력하기 좋은 심플한 것이 좋습니다. 예를 들어 상품명이 '#WD2-DXMAX-05'와 같이 길다면, 입력하기도 힘들고 오타도 나오기 쉽습니다. 상품명이 길거나 외우기 어려울 경우, '#더블티'와 같이 간결한 애칭을 붙여보는 것도 좋습니다.

또 '#크리스마스핫링크'와 같이 계절 이벤트나 이용 장면, 상품 시리즈별로 전용 해시태그를 만들어 게시물 작성을 촉진하는 방법도 있습니다.

Point!

- ☑ UGC 게시물용 독자적인 해시태그를 만듭니다.
- ☑ 해시태그는 프로필이나 게시물에 적어 주지시킵니다.
- ☑ 다른 것들과 겹치지 않으면서, 심플하고도 입력하기 쉬운 것을 해시태그로 합니다.

Chapter 6
04

UGC의 활용③ 사용자 게시물을 촉진한다

04절에서는 사용자가 게시하기 쉬운 환경을 만들어 UGC 게시물 수를 늘리는 방법을 소개합니다.

계정 기반을 만든다

유명한 브랜드나 인스타그램에 올리기 좋은 상품이라면 아무것도 하지 않아도 UGC가 발생할 수 있습니다. 하지만 생긴 지 얼마 안 되어 인지도가 약할 경우 'UGC를 올려줄 것 같은 사용자'와 연계해 UGC가 발생할만한 팔로워 기반을 구축해야 합니다.

기존에 자사 상품이나 비슷한 장르의 상품에 대해 UGC를 올린 사용자를 찾아 좋아요나 댓글 등으로 소통을 함으로써 자신의 계정이나 브랜드의 존재를 알립니다. 예를 들어 헤어케어 용품 제조업체라면 '#트리트먼트'로 게시물을 올린 사용자와 적극적으로 소통을 하는 등 상품이나 브랜드에 관심을 가질만한 사용자와 친해지도록 합니다.

또 '#(브랜드 해시태그)를 붙인 게시물은 리포스팅으로 소개될 수 있습니다'와 같이 프로필에 기재하여 UGC를 소개하는 계정임을 알 수 있도록 합니다.

샘플 게시물을 작성한다

UGC 게시물을 늘리기 위해, 사용자가 게시물 업로드에 힌트가 될만한 게시물을 올려줍니다. 예를 들어 화장품이라면 처음에 상품 패키지를 보여주고, 의류 용품이라면 아이템이 돋보일만한 배경이나 소품과 함께 촬영하고, 식품이라면 활용 가능한 레시피나 푸드 데코레이팅을 소개하는 등, 공식 계정이 앞장서서 예쁘게 사진 찍는 꿀팁이나 상품을 즐길 수 있는 아이디어를 발신하는 등, 간접적으로 UGC 게시물 샘플을 제시하도록 합니다.

공식 계정에서 올린 게시물로 힌트를 제공한다

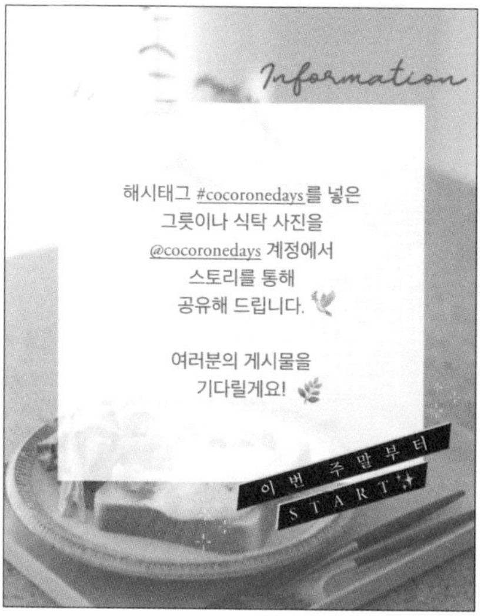

▶ 게시물 양식을 배포한다

스토리 등으로 UGC 게시물용 양식을 배포하는 것도 효과적입니다. 양식이 정해져 있다면 '집에 있는 식탁에 상품을 놓고 찍기만 하는 건 별로네'라고 생각하는 사용자들도 큰 고민 없이 게시물을 올릴 수 있고 기업 입장에서도 UGC의 내용이나 퀄리티를 일정 수준으로 유지할 수 있습니다. '화면 캡처로 저장하여 사용해주세요'와 같이 사용 방법을 써 붙여 놓거나 게시물 예를 함께 보여주는 것도 효과적입니다

UGC 게시물용 양식을 배포한다

UGC 게시물을 리포스팅한다

UGC 게시물이 발생하기 시작하면 적극적으로 게시물을 리포스팅합니다. 피드 게시물은 종이비행기 마크를 누르면 자신의 스토리에서 게시물을 공유할 수 있습니다. 이것만으로는 상대방에게 알림이 가지 않기 때문에 상대방이 게시물을 공유한 사실을 알 수 있도록 '@상대방 계정'으로 멘션을 붙입니다. 또 자신의 계정에 @멘션을 붙였을 경우에 한해 스토리에 게시된 UGC도 공유할 수 있습니다.

게시물을 스토리로 공유

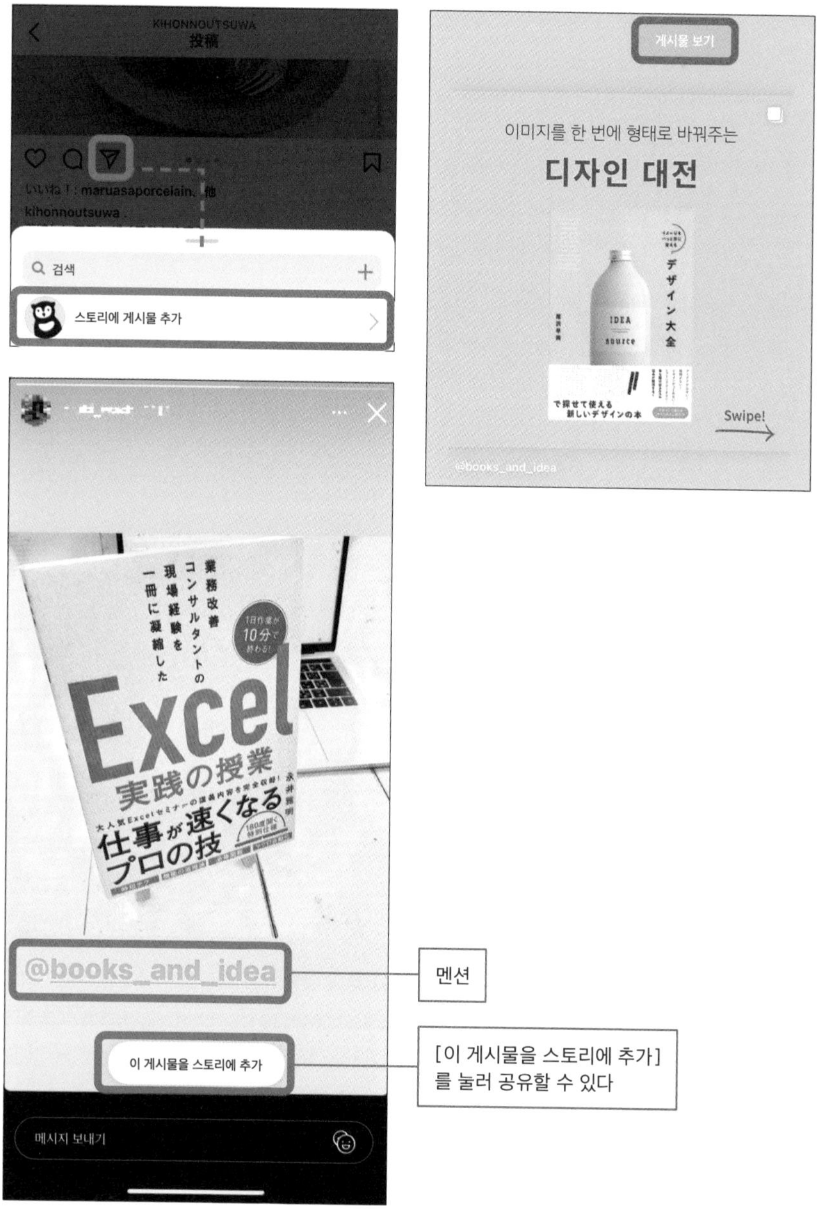
KIHONNOUTSUWA
投稿
kihonnoutsuwa
검색
스토리에 게시물 추가
게시물 보기
이미지를 한 번에 형태로 바꿔주는
디자인 대전
Swipe!
@books_and_idea
Excel
実践の授業
仕事が速くなるプロの技
@books_and_idea
이 게시물을 스토리에 추가
메시지 보내기
멘션
[이 게시물을 스토리에 추가]
를 눌러 공유할 수 있다

UGC 게시물의 리포스팅을 계속하다보면 UGC가 증가하는 것을 기대할 수 있습니다. 사용자 입장에서 자신의 게시물이 공식 계정에서 소개되는 것은 기분 좋은 일이고, 리포스팅을 계기로 공식 계정의 팔로워들이 나를 팔로잉하는 메리트도 있기 때문에 적극적으로 UGC를 올리게 됩니다.

또 리포스팅을 본 다른 사용자들도 '게시물을 올리면 내가 올린 글도 소개해 주겠구나' 하고 이해하게 되면서 UGC를 올려주게 됩니다.

꾸준하고 성실한 노력이 필요하지만 UGC를 꾸준히 리포스팅하여 소개해 나가다보면, '○○를 먹을 때 해시태그를 붙여 게시물을 올린다'와 같은 암묵적인 문화가 발생하게 되고, 상품이나 브랜드를 중심으로 한 커뮤니티 형성으로도 이어지게 됩니다.

게시물의 관점을 제공한다

UGC 게시물을 더욱 늘려나가기 위해 사람들이 상품이나 브랜드를 떠올릴 수 있는 타이밍이나 카테고리를 넘어서, 새로운 관점을 제안해 보는 것도 좋습니다. 예를 들어 식품 브랜드의 경우, 아침 식사나 도시락처럼 일상적인 장면에서의 게시물은 있겠지만, '크리스마스 식재료'라는 카테고리에서도 그 브랜드를 떠올릴 수 있게 하려면 '#크리스마스○○'와 같은 지정 해시태그를 준비해 견본 게시물이나 레시피를 소개하고, UGC 게시물을 만들도록 유도합니다.

Point!

- ☑ 공식 계정에서 예쁘게 보이는 방법을 공유합니다.
- ☑ UGC 게시물용 양식을 배포합니다.
- ☑ 사용자의 게시물을 소개해 UGC 게시물을 촉진합니다.
- ☑ 공식 사이트에서 새로운 게시물의 관점을 제안하여 UGC 게시물 활성화를 도모합니다.

Chapter 6
05 플러스 알파① 스탭이 직접 발신하기

고객이 발신하는 UGC(User Generated Content)와 반대로 직원이나 스탭 등 관계자가 발신하는 것을 EGC(Employee Generated Content)라고 합니다. 여기서의 사례는 EGC 활용으로 커다란 성과를 낸 의류 브랜드, nano universe의 SNS 담당자에게 질문해 보았습니다.

직원 개인의 브랜딩으로 이어진다

의류, 미용 등과 같이 상품이나 서비스의 전문가라고 할 수 있는 스텝의 접객 여하가 구매를 결정짓는 업종은 전문 지식을 가진 스텝의 게시물 발신을 살려서 운영 효과를 얻을 수도 있습니다. 이렇게 스텝들이 발신한 게시물을 'EGC(Employee Generated Content)'라고 부릅니다.

공식 계정과 달리, EGC는 스텝의 지식이나 개성에 따라 게시물의 내용이 좌우됩니다. 스텝으로서 부담은 있지만, 지명받을 때 인센티브를 얻는 등 스텝 개인이 앞에 드러나는 메리트가 강한 업종이라면 시도해 볼 가치가 있습니다.

EGC의 사례(nano universe)

▶ 공식 계정과 스텝 계정

의류 브랜드인 nano universe(@nanouniverse_official)는 공식 계정과 스텝 계정의 두 가지 측면에서 디지털 마케팅을 하고 있습니다. EGC를 게시하는 스텝 계정은 고객과 소통하거나, 특별한 코디네이트를 소개하기도 하고, 어울리는 메이크업과 헤어스타일 조합을 올리는 등, 일정 규칙을 두고 표현 방법은 각자에게 맡기고 있습니다. 공식 계정에서는 발신할 수 없는, 스텝이라는 필터를 통한 나노 유니버스의 정보를 보냄으로써, 스텝 개개인의 브랜딩을 높이는 것이 목적입니다.

스텝 계정의 게시물 중에서 지정 해시태그가 붙은 것을 공식 계정에서 공유하여 스텝 계정의 팔로워뿐만 아니라 공식 계정의 팔로워들도 게시물을 볼 수 있게 하고 있습니다.

공식 계정에서 스탭의 게시물을 공유

위) @nanouniverse_official
아래) @yusuke_tiamo_fukushima

▶ 신세대 '카리스마 직원' 되기!

인스타그램으로 알게 된 고객이 다이렉트 메시지에서 문의를 통해 상품을 구입하거나, 스텝과 사진을 찍기 위해 가게를 방문하는 등, EGC 게시물이 실제 구매로 이어졌다는 보고가 전국에 있는 스텝들로부터 모여들었습니다. 앞서 말한 스텝 티아모(@yusuke_tiamo_fukushima)가 그 대표적인 사례로 인스타그램과 더불어 유튜브 방송, 오프라인 점포 접객 이벤트도 하고 있습니다. 이벤트를 할 때마다 점포 예산의 3배가 넘는 매출을 이루어냈고, 참가한 고객들의 UGC도 활발히 이루어지고 있습니다. 요즘처럼 점포 고객 유인이 어려운 상황 속에서 인스타그램을 통해 매출로 이어지게 하는 '카리스마 직원'을 늘리는 것 또한 하나의 목표입니다.

▶ EGC 활용을 위해 할 수 있는 일

스텝들이 좋은 게시물을 계속해서 올릴 수 있게 하기 위해 회사는 다음과 같은 노력을 하고 있습니다.

- **각 스텝들의 레벨에 맞춘 목표 설정(게시물 수, 팔로워 수 등)**
- **좋은 사진을 찍기 위한 매뉴얼 작성**
- **우수 스텝의 게시물이나 편집 앱 등을 공유**
- **생각만큼 결과가 따르지 않거나/행동으로 나서지 못하는 스텝의 고민을 잘 듣고 개선책을 검토함**
- **스텝의 동기부여를 위해, 공식 계정을 비롯한 자사 콘텐츠 내에서 스텝이나 EGC를 소개합니다.**

스텝 계정은 공식 계정과 달리 개인의 재량이 크게 좌우하는데, 모든 것들을 스텝들에게 내맡기는 것이 아니라, 성공사례는 전체가 공유하고, 어려움이 있는 부분은 다 함께 개선책을 논의합니다.

Memo

EGC를 활용할 때는 스텝의 프로필에 소속 회사나 브랜드 계정명을 넣어두는 등, 회사 관계자가 발신하는 정보임을 알 수 있게 합니다.

Point!

☑ 스탭이 앞에 드러나는 메리트가 있을 경우, EGC의 활용도 검토해 봅니다.

☑ 스탭 개개인에게 모두 내맡기지 않고, 회사나 팀 단위로 서포트합니다.

Chapter 6

06 플러스 알파② 인플루언서와 공동작업하기

주력상품을 선보이거나 이벤트 등 브랜드와 상품의 인지도를 단기에 집중적으로 끌어올릴 때 수많은 팔로워를 보유한 인플루언서에게 게시물을 의뢰하는 것도 한 가지 방법입니다.

인플루언서의 확산력을 빌린다

수많은 팔로워를 보유하고 있거나 뛰어난 정보 발신력을 가지고 있는 등, SNS상에서 강한 영향력, 확산력을 가지는 인물을 '인플루언서'라고 부릅니다. 이러한 인플루언서에게 상품 샘플을 전달하여 사용감을 후기로 작성하게 하거나 자사 계정의 게시물을 공유하게 하여 인플루언서가 보유한 팔로워와 커뮤니티에 정보를 전할 수 있습니다.

▶ 인플루언서의 선정 방법과 주의점

인플루언서를 찾기 위해서는 직접 다이렉트 메시지 등으로 의뢰하거나, 인플루언서 마케팅 회사에 중개를 부탁하는 등의 방법이 있습니다. 인플루언서를 고를 때에는 팔로워 수 등 눈에 띄는 숫자만 볼 것이 아니라, 자사 상품의 장르와 전달하고자 하는 테마와의 친화성이 조건이 되어야 합니다.

인플루언서들도 각자 자신이 잘 아는 분야가 있어서, 화장품에 대해 잘 아는 인플루언서의 팔로워는 그와 마찬가지로 화장품에 관심이 있는 사람들, 요리를 좋아하는 인플루언서의 팔로워는 요리에 대한 관심도가 높은 사람들이 많습니다.

인플루언서가 가지는 팔로워와 영향력을 마음껏 활용할 수 있도록 선전하고자 하는 테마와의 친화성에 주목하도록 합니다. 기존에 브랜드명 해시태그나 공식 계정에 대한 @ 멘션을 올린 사용자들 중에서 영향력이 큰 사람을 찾아보는 것도 좋습니다. 또 인플루언서에게 협력을 요청할 때에는 '#PR'을 붙이는 등, 광고 협찬임을 반드시 명기하여 게시물을 올리게 합니다. 광고임을 숨기고 게시물을 올리는 행위는 경품표시법 위반으로써 법에 저촉될 뿐 아니라, 스텔스마케팅(p.113)으로 간주되어 논란의 소지가 있으니 주의해야 합니다.

인플루언서를 기용할 경우, 이벤트 홍보를 하려는 것인지, 인플루언서의 확산력을 계정 성장의 기폭제로 삼고 싶은 것인지, 그 목적과 달성 기간을 제대로 설정해두면 효과가 나타나기 쉽습니다. 공동작업할 상대방이 정해지면 꼼꼼히 협의하여 광고 방법이나 규칙을 공유하도록 합니다.

팔로워 수에 따라 명칭이 다르다

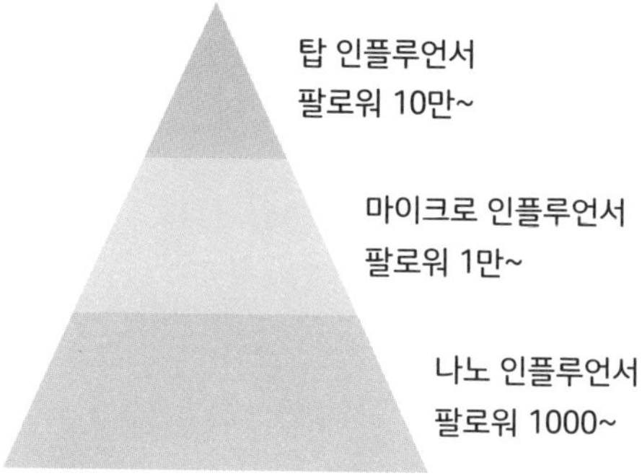

Memo

인플루언서의 게시물을 광고로 내는 등, 다른 방법과 조합하여 활용하는 것도 좋습니다.

Point!

- ☑ 인플루언서와 공동작업으로 게시물을 늘릴 수 있습니다.
- ☑ 인플루언서 선정과 협의는 꼼꼼히 할 것이다.
- ☑ 광고 안건임을 명확히 기재할 것이다.

Interview

토미코 편집장

토미코 / @tomiko_tokyo

▶ Profile

- '그릇으로 삶에 색채를 더하다'를 테마로 정보를 발신하는 웹 미디어 'cocorone' 편집장.

정보 발신의 장으로 인스타그램을 선택한 이유는 무엇인가요?

cocorone는 식탁에 늘어선 그릇을 통해 '이상적인 삶'을 발신하는 미디어이기 때문에 비주얼적 요소가 강하고 직감적으로 이미지를 전달할 수 있다는 점을 중요하게 보았습니다. 계정 개설이 쉬웠던 점도 인스타그램을 선택한 이유 중 하나입니다.

인스타그램과 다른 미디어

cocorone는 인스타그램(@cocoronedays)과 웹사이트 (https://ccrne.jp/) 두 매체를 통해 정보를 발신하고 있습니다. 웹사이트는 cocorone의 세계관을 구현하는 곳이고, 인스타그램은 일방적인 발신이 아니라 사용자와 커뮤니티를 만들어나가는 곳으로, 이 둘을 구분해서 사용하고 있습니다.
여러분들 중에는 이미 웹사이트나 트위터 등 발신 매체를 가지고 있는 사람들도 있을 것입니다. 새로 인스타그램을 시작할 경우에는 다른 미디어와의 역할 분담을 생각한다면 운영에 도움이 될 수 있을 것입니다.

new
최신 기사
20の着回しコーデ
食卓に小さな素敵を
いつまでも
「滝呂焼」の魅力
매일매일의 식탁에 "소소한 세련미"를 찾아서. 기본적인 그릇 20개 돌려쓰기
2020.12.28
'마루아사도기제작소'를 방문하다. '기본적인 그릇'에서 식탁에 소소한 세련미를 언제까지나
2020.12.24
100년 전해오는 그릇. '마루아사도기제작소'에 묻는 '타키로야키'의 매력
2020.12.10

브랜드 특유의 세계관을 만드는 방법?

'후미노'라는 가공의 인물상을 설정해두고 게시물을 발신하고 있습니다. 좋아하는 것, 사는 곳, 교우관계, 일, 라이프스타일 등을 세세하게 설정해 '이 사람이라면 어떤 게시물을 올릴까' 하고 생각하면서 발신합니다.
cocorone는 팀 단위로 운영하고 있기 때문에 '후미노'라는 인물상에 대한 인식을 함께 할 수 있도록, 핀터레스트(Pinterest)에서 '후미노 다운' 인물, 패션, 인테리어 등을 이미지로 모아서 다른 사람들과 공유하고 있습니다.

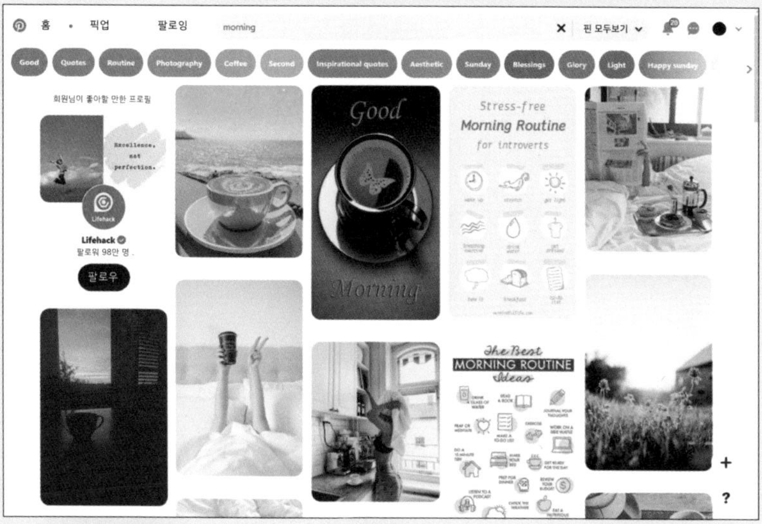

팬 커뮤니티 형성

cocorone는 해시태그 '#cocoronedays'가 적힌 UGC 게시물을 모집하고 있습니다. 프로필 소개란에 '#cocoronedays로 사진을 소개해드리고 있습니다'라고 써 놓았기 때문에, 사용자분들이 자신의 글이 공유되기를 기대하면서 게시물을 올려주십니다.
UGC 게시물 중에서 테마에 맞는 것을 골라서, 글을 게시해주신 분들께 다이렉트 메시지 등으로 허락을 받고 공식 계정에서 소개하고 있습니다. 사용자분들과 꾸준한 교류를 거듭하다 보니, 지금은 '내 피드 게시물을 자유롭게 써 달라'고 하는 사람들이 150명 정도까지 늘어났습니다.

게시물 디자인에 대해

현재는 심플한 상품 사진에 텍스트를 넣은 것을 여러 장의 슬라이드 형식으로 올리고 있는데요, 처음에는 사진만 달랑 1장 올리는 등, 패턴이 혼재해 있었습니다. 세계관을 표현하는 수단 중 하나로써 텍스트를 넣거나 슬라이드 형식으로 함으로써 한 게시물 당 정보량을 늘리는 등 여러 가지를 시도해보고 반응이 좋았던 것을 취하다 보니 지금의 형태에 이르렀습니다.
디자인을 생각하는 팁은 '사용자의 시선'입니다. 사진이나 글자가 알아보기 쉬운지, 주제가 제대로 전달이 되는지, 등에 신경을 쓰고 있습니다. 자신의 게시물뿐 아니라 다른 계정의 게시물도 두루 살피면서 좋은 점이나 불편한 점을 분석하여 다음 게시물에 활용하고 있습니다.

인스타그램 담당자에게 한 마디!

계정 운영 담당자가 즐겁게 계속할 수 있으면 좋겠습니다. 팀이 운영하는 경우라면, '그 게시물 좋더라' 하고 서로 칭찬하고 동기부여를 하면서 운영해 나가면 좋겠습니다.

• • •

마치며

학창 시절, 당시 일본에 들어온 지 얼마 되지 않은 인스타그램에서 세계 각지의 아름다운 사진을 보면서 '좀더 세상을 둘러보고 싶다'라는 충동을 안고 남아돌던 시간을 써서 20개국 정도를 돌아보았습니다.

본 적 없는 풍경과 새로운 문화를 접하며 지금까지는 알지 못했던 다양한 것들에 관심을 가지게 되었고, 무엇보다 소중한 친구를 만들 수도 있었습니다. 그 후에도 인스타그램을 통해 전 세계의 정보를 얻으며 전 세계 친구들과 커뮤니케이션을 이어오고 있습니다.

인스타그램은 기업 미션을 아래와 같이 주창합니다.

'소중한 사람들, 좋아하는 것과 당신을 가까이에'

저는 그야말로 인스타그램을 통해 소중한 사람과 제일 좋아하는 것들을 만난 한 사람입니다.

새로운 기능이나 버전 변경 등 변화가 잦은 인스타그램이지만 변함없이 이 중심적 가치를 제공해주는 인스타그램을 저는 좋아합니다.

이러한 인생을 거쳐 지금은 미국, 중국, 일본이라는 세계에 거점을 둔 핫링크라는 글로벌기업에서 소셜미디어 연구와 기업 지원을 하고 있는 점 또한 운명적인 만남이라고 생각합니다.

인스타그램을 비롯한 소셜미디어의 본질은 SNS를 통해 발신이 가능해진 개인의 집합체라는 것입니다. 한 사람 한 사람의 생활 소비자들이 자신의 브랜드에 대해 발신하는 것, 그것이 소셜미디어의 활용의 열쇠가 됩니다.

사람들이 긍정적으로 취급하는 상품이란 누군가의 슬픔이나 고민을 완화시켜 주고 작은 즐거움이나 행복을 제공할 수 있는 '좋은 상품'입니다.

상품 자체가 사람들에게 놀라움과 가치를 제공하지 않는다면 아무리 잔재주로 마케팅에 힘쓴다 해도 긍정적인 발신이 샘솟는 일은 없는 것입니다.

생활소비자 한 사람 한 사람의 발신으로 좋은 상품이나 가치 있는 서비스가

• • •

보다 많은 사람들에게 전달되는 그런 새로운 시대의 마케팅 스탠다드를 만들고, 보급하는 것이 핫링크의 사명이라고 생각합니다.

이 책의 출판에 있어서 정말 많은 분들께서 도와주셨습니다.

편집해 주시고 다양한 요청사항에 대응해 주신 SB크리에이티브 쿠니토모님
집필에 협력해 주신 cocorone 편집장 토미코 님, Mr.CHEESECAKE 모론논님
소재와 사례 제공을 해주신 밀본 이케다님, 존슨빌 카이호님, 미츠칸 쿠스미님, 히라오님, 나노유니버스님
함께 시행착오를 거듭하면서 늘 전력으로 도와주시는 클라이언트 여러분
항상 이야기 들어주시고 도와주시는 핫링크 멤버 여러분
다양한 각도에서 이 출판에 조언해 주신 인생의 은인 무로야님
책 집필을 따뜻하게 지원해주시고 프로모션까지도 전면적으로 서포트 해주신 이이타카님
소셜미디어 마케팅의 근간이 되는 생각을 모두 알려주신 jigen_1님
항상 신경 써 주시고 고민될 때는 마음 가는 곳으로 가라며 지지해주신 아버지, 어머니, 할아버지, 형들.

정말 감사합니다.
그리고 무엇보다 마지막까지 읽어주신 독자 여러분께 감사드립니다.
효과적인 인스타그램 활용에 있어 이 책이 조금이라도 도움이 될 수 있다면 더할 나위 없이 기쁠 것입니다.

옮긴이 | **장재희**

숙명여자대학교 일본학과를 졸업 후 이화여자대학교 통역번역대학원에서 한일통역학과 석사를 취득했다. 어릴 적 부모님을 따라 6년 정도 일본에서 거주하였으며, 다양한 통번역 경험으로 책 번역의 꿈을 키웠다. 현재 번역 에이전시 엔터스코리아 일본어 전문 번역가로 활동하고 있다. 역서로는 《안 팔려서 답답할 때 읽는 판매의 기술》이 있다.

제로부터 시작하는 비즈니스 인스타그램

결과를 만드는 SNS 시대의 마케팅 전략

1판 1쇄 발행 2022년 8월 8일
1판 2쇄 발행 2023년 2월 2일

지 은 이 | 아사야마 다카시
옮 긴 이 | 장재희

발 행 인 | 최봉규
발 행 처 | 지상사(청홍)
등록번호 | 제2017-000075호
등록일자 | 2002. 8. 23.

주 소 | 서울특별시 용산구 효창원로64길 6 일진빌딩 2층
우편번호 | 04317
전화번호 | 02)3453-6111 **팩시밀리** | 02)3452-1440
홈페이지 | www.jisangsa.co.kr
이 메 일 | jhj-9020@hanmail.net

ISBN 978-89-6502-001-1 03320

* 잘못 만들어진 책은 구입처에서 교환해 드리며, 책값은 뒤표지에 있습니다.

경매 교과서

설마 안정일

저자가 기초반 강의할 때 사용하는 피피티 자료랑 제본해서 나눠준 교재를 정리해서 정식 책으로 출간하게 됐다. A4 용지에 제본해서 나눠준 교재를 정식 책으로 출간해 보니 감회가 새롭다. 지난 16년간 경매를 하면서 또는 교육을 하면서 여러분에게 꼭 하고 싶었던…

값 17,000원 | 사륙배판(188x257) | 203쪽
ISBN 978-89-6502-300-5 | 2021/3 발행

7일 마스터 주식 차트 이해가 잘되고 재미있는 책!

주식공부.com 대표 **가지타 요헤이** | **이정미**

이 책은 '이제부터 공부해서 주식투자로 돈을 벌자!'라는 방향으로 차트 및 테크니컬 지표를 보는 법과 활용하는 법이 담겨있다. 앞으로 주식투자에서 '기초 체력'이 될 지식을 소개하며, 공부 그 자체가 목적이 되면 의미가 없으므로, 어려워서 이해하기 힘든 내용은 뺐다.

값 16,000원 | 신국판(153x224) | 224쪽
ISBN 978-89-6502-316-6 | 2022/5 발행

만화로 배우는 최강의 株주식 입문

야스츠네 오사무 | 요시무라 요시 | 오시연

이 책은 자산운용에 전혀 관심이 없었던 초보자도 곧바로 주식투자에 도전할 수 있도록 주식투자의 노하우를 가능한 한 알기 쉽게 해설했다. 주식투자로 성공하는 방법들을 소개했는데, 덧붙이고자 한다. 책상에서만 익힌 노하우로는 결코 성공할 수 없다는 점이다.

값 16,000원 | 신국판(153x224) | 232쪽
ISBN 978-89-6502-313-5 | 2022/4 발행

영업은 대본이 9할

가가타 히로유키 | 정지영

이 책에서 전달하는 것은 영업 교육의 전문가인 저자가 대본 영업 세미나에서 가르치고 있는 영업의 핵심, 즉 영업 대본을 작성하고 다듬는 지식이다. 대본이란 '구매 심리를 토대로 고객이 갖고 싶다고 "느끼는 마음"을 자연히 끌어내는 상담의 각본'을 말한다.

값 15,800원 | 국판(148x210) | 237쪽
ISBN 978-89-6502-295-4 | 2020/12 발행

영업의 神신 100법칙

하야카와 마사루 | 이지현

인생의 고난과 역경을 극복하기 위해서는 '강인함'이 반드시 필요하다. 내면에 숨겨진 '독기'와도 같은 '절대 흔들리지 않는 용맹스러운 강인함'이 있어야 비로소 질척거리지 않는 온화한 자태를 뽐낼 수 있고, '부처'와 같은 평온한 미소로 침착하게 행동하는 100법칙이다.

값 14,700원 | 국판(148x210) | 232쪽
ISBN 978-89-6502-287-9 | 2019/5 발행

세상에서 가장 쉬운 통계학 입문

고지마 히로유키 | 박주영

이 책은 복잡한 공식과 기호는 하나도 사용하지 않고 사칙연산과 제곱, 루트 등 중학교 기초수학만으로 통계학의 기초를 확실히 잡아준다. 마케팅을 위한 데이터 분석, 금융상품의 리스크와 수익률 분석, 주식과 환율의 변동률 분석 등 쏟아지는 데이터…

값 15,000원 | 신국판(153x224) | 240쪽
ISBN 978-89-90994-00-4 | 2009/12 발행

접객의 일류, 이류, 삼류

시치조 치에미 | 이지현

이 책을 통해서 저자는 그동안 수많은 사례를 통해 고객의 예민한 감정을 파악하는 방법을 《접객의 일류, 이류, 삼류》라는 독특한 형식으로 설명하고자 한다. 저자는 접객의 쓴맛, 단맛을 다 봤는데, 여전히 접객은 즐거운 일이라고 생각한다. 접객이 어려워서 고민하는 사람에게…

값 14,800원 | 국판(148x210) | 224쪽
ISBN 978-89-6502-312-8 | 2022/3 발행

영업의 일류, 이류, 삼류

이바 마사야스 | 이지현

저자는 이 책을 통해서 일류 영업 이론을 소개한다. 물론 이 책에 다 싣지 못하는 것도 많겠지만 '이것만은 꼭 알았으면 좋겠다'라고 생각한 이론을 엄선했다. 이런 미묘한 차이를 아는 것이 일류 영업맨의 길을 여는 열쇠다. '영업의 이런 미묘한 차이'를 알려주는 이는 좀처럼 없다.

값 15,000원 | 국판(148x210) | 216쪽
ISBN 978-89-6502-314-8 | 2022/4 발행

설명의 일류, 이류, 삼류

기류 미노루 | 이지현

어떤 분야든 '일류' '최고' '달인'이라고 불리는 사람들이 존재한다. 비즈니스 분야도 마찬가지다. 저자는 지금까지 1만 회에 달하는 '상대방에게 잘 전달하는 설명의 방법', '말하기 방법'에 관한 세미나를 진행했다. 그리고 셀 수 없이 많은 비즈니스맨과 경영인을 만나왔다.

값 15,000원 | 국판(148x210) | 216쪽
ISBN 978-89-6502-319-7 | 2022/6 발행